Welt der Wirtschaft *kinderleicht*

GLOBALISIERUNG

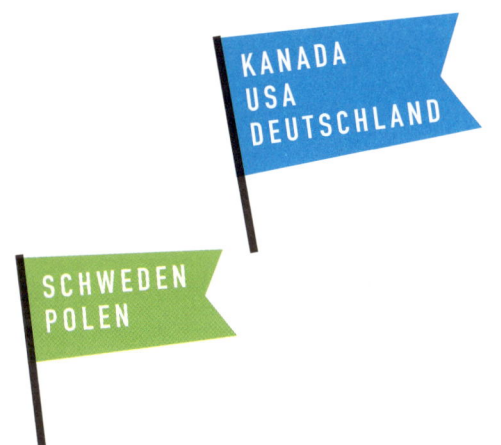

Welt der Wirtschaft kinderleicht

GLOBALISIERUNG

Carl Hanser Verlag

INHALT

EDITORIAL

*Von Olaf Gersemann
und Jörg Eigendorf*

Das hat jeder schon einmal gesehen: Auf der einen Seite Polizisten mit Helmen und hinter durchsichtigen Schutzschildern, auf der anderen Seite Demonstranten, die gegen die Globalisierung und die Macht der großen Staaten und Konzerne auf die Straße ziehen. Jahr für Jahr gehen diese Bilder um die Welt: Dann nämlich, wenn im Schweizer Alpendorf Davos einmal im Jahr Staats- und Unternehmenschefs aus aller Welt zum Weltwirtschaftsforum zusammenkommen.

Globalisierung bedeutet weltweite Verflechtung: Internet, Flugzeuge und schnelle Schiffe machen es möglich, dass wir uns heute den Menschen am anderen Ende der Welt viel näher fühlen als noch unsere Großeltern. Wir kaufen Laptops, die in China gebaut wurden, und erfahren über soziale

Netzwerke im Internet in Sekundenschnelle, was unsere Verwandten in Australien oder die Gastfamilie aus dem Schüleraustausch in den USA gerade erleben.

Das Weltwirtschaftsforum nehmen wir zum Anlass, einmal anders mit dem Thema Globalisierung umzugehen. Wir veranschaulichen, wie der weltweite Handel von Waren und Dienstleistungen unsere Wirtschaft und unser Leben verändert. Und warum gerade deutsche Firmen und Verbraucher von dem Phänomen profitieren. Wir zeigen, wie Finanz- und Handelskonzerne sich neue, fremde Märkte erschließen, und wir widmen uns den gängigen (Vor-)Urteilen über die Globalisierung.

GENERATION GLOBAL

Die Globalisierung verbindet Menschen, die sich gar nicht kennen. Wir alle hängen voneinander ab. In guten Zeiten – und leider auch in schlechten

Von Anette Dowideit, Steffen Fründt, Sebastian Jost und Christiane Kühl

Das rosa gestrichene Zimmer der 13-jährigen Jiang Yufei in Shanghai hängt voller Poster taiwanesischer Popstars und ihrer Lieblingssängerin Avril Lavigne. Jiang hat einen iPod und mag Pizza und Burger. Aus dem Fenster im 15. Stock sieht sie auf die Türme der Megametropole. »Ich liebe große Städte«, sagt sie. »Da kann man am besten shoppen.« Nur 35 Yuan pro Woche – knapp vier Euro – bekommt sie Taschengeld, aber dafür von Verwandten ein paar Tausend an hohen Feiertagen wie dem chinesischen Neujahrsfest. Jiang ist ein aufgewecktes Mädchen mit runder Brille, Pferdeschwanz und Nike-Turnschuhen. »Sie ist schon so weit, dass sie sagt: ›Adidas mag ich nicht. Ich möchte Nike-Schuhe, die sind bequemer‹«, erzählt ihre Mutter. »Sie kann leicht an einem Tag 100 oder 200 Yuan ausgeben.«

Auf den ersten Blick scheint der Lebensstil des Mädchens aus Shanghai alle Vorurteile zu bestätigen, die mit dem Schlagwort Globalisierung verbunden werden: Seit Geld und Güter fast ungehindert und in immer schnellerem Tempo um den Erdball jagen, breitet sich der westliche Lebensstil in immer mehr Ländern und Kulturen aus.

Die Menschen vergessen althergebrachte Traditionen, sagen Kritiker. Stattdessen huldigen sie Coca-Cola, Sony oder Nike. Und jeder hat nur eines im Kopf: möglichst schnell möglichst reich zu werden.

Die Befürworter sehen hingegen die Globalisierung als Chance für Wohlstand und Freiheit. Und in der Tat: Die Globalisierung hat in den vergangenen zehn Jahren mehr als eine Milliarde Menschen aus der Armut in die Mittelschicht ihrer Gesellschaft aufsteigen lassen. Sie leiden keinen Hunger mehr und können ihren Kindern eine Ausbildung ermöglichen.

Diese globale Vernetzung hat aber auch ihren Preis, wenn es nicht mehr so gut läuft. So wie der wirtschaftliche Boom in den vergangenen Jahren viele Gewinner hatte, vereint die Globalisierung die Länder auch in der Krise: Zuerst schien nur der amerikanische Häusermarkt in Schwierigkeiten zu stecken. Doch dann verbreitete sich der Virus im Bankensystem wie eine Grippewelle über den ganzen Globus: Auf allen fünf Kontinenten verlieren Erdenbürger Geld und Jobs.

Menschen sind heute auf eine Weise verbunden, die noch vor zehn Jahren niemand für möglich gehalten hätte. Zum Beispiel Yasmeen Malik und Dixie. Die zehnjährige Yasmeen aus Richmond im amerikanischen Bundesstaat Virginia braucht wie viele Kinder Hilfe bei den Hausaufgaben, besonders in Mathe. Die bekommt sie von Dixie. »Sie ist meine Lieblingsnachhilfelehrerin«, sagt Yasmeen. Das Besondere: Die beiden haben sich noch nie gesehen. Dixie

sitzt nicht mit Yasmeen am Schreibtisch, sondern am anderen Ende einer Internetverbindung, die durch Ozeane zur indischen Stadt Bangalore führt.

Dixie heißt auch gar nicht wirklich Dixie, sie hat einen für Yasmeen fremd klingenden indischen Namen, den sich Yasmeen nicht merken kann.

An Yasmeens Computer ist ein Mikrofon angebracht und eine spezielle Software der Internetfirma TutorVista installiert. Ihre Eltern zahlen jeden Monat 100 Dollar an die Firma. Dafür darf Yasmeen sich nachmittags in das Netzwerk der Firma einwählen und bekommt Nachhilfestunden, meistens von Dixie.

Früher hatte die Schülerin einen Nachhilfelehrer, der tatsächlich mit ihr am Tisch saß. Doch der Unterricht bei Dixie ist genauso gut, nur eben viel günstiger. Das kommt daher, weil in Indien Miete, Essen und alles andere weniger kosten als in Amerika.

Wie so oft erzeugt die Globalisierung Gewinner und, zumindest kurzfristig, Verlierer.

Der alte Nachhilfelehrer daheim in Virginia verliert – falls er nicht einen neuen oder einen anderen Job findet. Familie Malik dagegen profitiert: Yasmeen kann sich aussuchen, wann und wie viel Nachhilfe sie braucht, und ihre Eltern zahlen weniger Geld für den Unterricht als früher. Und auch Dixie gehört zu den Gewinnern: Sie hat einen für indische Verhältnisse gut bezahlten Job.

Damit aber hängt Dixies Schicksal nicht mehr davon ab, wie gut die Wirtschaft in Indien läuft, sondern davon, wie es um sie in den USA bestellt ist. Denn wenn Yasmeens Mutter oder Vater auf einmal durch eine Krise ihren Job verlören und zu Hause blieben, dann müssten sie das Geld für die Nachhilfe ihrer Tochter vielleicht einsparen.

Globalisierung bedeutet allerdings viel mehr als Geld und Jobs, vor allem für Menschen, die weit weg von uns sind.

Für den 31-jährigen <mark>Aniruddha Shanbhag</mark> lässt sich die Globalisierung auf drei Buchstaben bringen: MTV.

Anfang der 90er-Jahre bekam er in seiner Heimat, in Indien, erstmals den amerikanischen Musiksender zu sehen. Und die Videos amerikanischer und europäischer Bands haben das südasiatische Land ebenso verändert wie viele andere Regionen der Welt: Statt für die traditionelle Musik ihres Landes interessierten sich Jugendliche wie Aniruddha plötzlich für Bands wie Metallica und Nirvana. Und statt eines klassischen indischen Wickelrocks für Männer trugen junge Leute lieber absichtlich aufgeschlitzte Jeans. Kurz nach MTV kam auch Coca-Cola nach Indien, und in den vergangenen Jahren folgte McDonald's.

Unter dem Eindruck von MTV ist Aniruddha Toningenieur geworden, später hat er für einen Internetshop Musik-CDs aus anderen Ländern eingekauft. Inzwischen verkauft er Versicherungen für eine Tochterfirma des deutschen Allianz-Konzerns. Sieben Sprachen hat sich Aniruddha nebenher angeeignet. Auf Deutsch bringt er nur ein paar Worte über die Lippen, aber er kennt Bayern München.

Es sind auch Menschen wie Aniruddha, die die Globalisierung unumkehrbar machen.

»Hätte ich mich nur mit Indien befassen können«, sagt er, »wäre mir die Welt wahrscheinlich zu eng geworden.«

DAS TOTAL GLOBALE JUGENDZIMMER

01 USA VIETNAM

Die Globalisierung ist angekommen, auch zu Hause. Zum Beispiel bei Fabian Seel aus Berlin-Steglitz. Ob Computer, Jeans oder Skateboard: Die meisten Dinge in Fabians Zimmer kommen aus Amerika und Asien, die wenigsten aus Deutschland

Von Fiora Wisdorff

Fabian träumt davon, die Welt zu erkunden. In Italien war er schon, auch in der Schweiz und in Schottland. Nun haben es ihm die USA, Asien und Australien angetan. »Das wäre schon gut«, sagt er lächelnd.

Im Zimmer des 14-Jährigen in Berlin ist die Welt zu Hause. Überall finden sich Produkte, die Fabian oder seine Eltern zwar hier gekauft haben, die aber eine lange Reise hinter sich haben. Sie sind von ausländischen Firmen erfunden worden, oft wurden sie auch anderswo hergestellt. Der Computer etwa, das Lego-Spielzeug und auch das Ikea-Regal. In den vergangenen Jahren ist es immer einfacher und billiger geworden, Waren über weite Strecken zu transportieren. Zudem erlauben immer mehr Länder anderen, ihre Produkte bei ihnen zu verkaufen, ohne hohe Zölle zu verlangen.

Auf Fabians iPod steht »Designed in California« und »Assembled in China«: Die Idee stammt aus Amerika, zusammengebaut wurde der Musikspieler in China. Das ist billiger für den Hersteller: Ein chinesischer Arbeiter erhält weniger Geld dafür, dass er die Bauteile zusammenfügt als ein Amerikaner. In China braucht man weniger Geld zum Leben, sodass dort selbst ein im Vergleich zu den USA oder Europa geringer Lohn für viele attraktiv ist. Fabian ist egal, woher seine Sachen kommen. »Bestimmte Marken haben halt Qualität und sind kreativ«, sagt er.

02 DEUTSCHLAND CHINA

Fabian inmitten seiner Lieblingsdinge
aus aller Welt: Er mag die T-Shirts
einer amerikanischen Marke,
sein iPod wurde in China hergestellt.
Der 14-Jährige lebt mit seiner Familie
in Berlin-Steglitz

03 SCHWEDEN
POLEN

04 USA
CHINA

05 KANADA
USA
DEUTSCHLAND

DER INTERNATIONALE HANDEL SORGT FÜR NIEDRIGERE PREISE

Ohne internationale Arbeitsteilung wären viele Produkte teurer. Und manche würde es bei uns gar nicht geben

Von Martin Greive

Mercedes, BMW oder VW – diese Marken kennt fast jeder. Auf der ganzen Welt eilt Deutschland der Ruf voraus, gute Autos herzustellen. Doch viele Einzelteile eines VW oder Mercedes kommen gar nicht aus Deutschland, sondern aus anderen Ländern – vor allem aus Osteuropa. Die Türen beispielsweise werden in Polen oder Tschechien hergestellt und in deutsche Fabriken geliefert, wo Monteure die Fahrzeuge zusammenbauen.

»Nur durch die Lieferung aus Osteuropa können wir es uns leisten, überhaupt noch Autos in Deutschland zu produzieren«,

sagt der Autoexperte Ferdinand Dudenhöffer. Er hat einmal ausgerechnet, was ein Fahrzeug kosten müsste, das komplett in Deutschland hergestellt werden würde. Das Ergebnis: Für ein Auto, das sonst 20 000 Euro gekostet hätte, müsste der Käufer plötzlich 25 000 Euro hinblättern.

Der Grund dafür sind die hohen Arbeitskosten in Deutschland.

Denn die hiesigen Firmen zahlen mehr Geld für Löhne sowie Kranken-, Renten- und Arbeitslosenversicherung der Mitarbeiter als in vielen anderen Ländern. Die Arbeitskosten betragen in Deutschland durchschnittlich 45 Euro die Stunde, in Osteuropa liegen sie nur bei 8 Euro.

Dieses Beispiel zeigt, wie wichtig die internationale Arbeitsteilung für die Wirtschaft ist. Könnten Unternehmen nicht in den Ländern produzieren, in denen es für sie am günstigsten ist und wo die passenden Zulieferer sitzen, würden die Preise explodieren. Christoph Schwarzl, Handelsexperte bei der Managementberatung Accenture, schätzt, dass fast alle Produkte – egal welchen Typs – ohne die Globalisierung rund 20 bis 35 Prozent mehr kosten würden. Der Franzose Patrick Messerlin, der sich an einer Universität in Paris mit globalem Handel

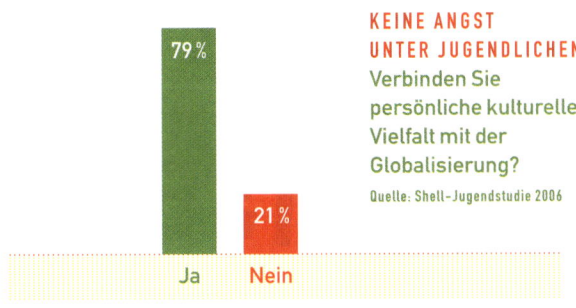

beschäftigt, geht sogar noch einen Schritt weiter: »Die meisten Produkte würde es dann gar nicht mehr geben.«

So wären exotische Lebensmittel in Deutschland nicht das ganze Jahr über zu haben, sagt Messerlin. Und Turnschuhe wären viel teurer, könnten die Sportartikelunternehmen sie nicht in Asien produzieren. Adidas beschäftigt allein in China in 265 Fabriken 300 000 Mitarbeiter.

Wie viel teurer ein Produkt wäre, das nur in Deutschland hergestellt werden würde, können viele Unternehmen nicht genau sagen.

Das Design für viele MP3-Player beispielsweise kommt aus den USA, der Akku stammt aus den Niederlanden, das Gehäuse aus Japan, die digitale Technik aus England. Zusammengebaut wird das Ganze häufig in China. Die Herstellerfirmen können dank der Globalisierung rund um den Globus die besten und billigsten Unternehmen beauftragen, ihnen die Einzelteile für ein Gerät zu liefern.

»Die komplette Produktion von Handys in Deutschland wäre unmöglich«,

sagt Susanne Burgdorf, Pressesprecherin des Handyherstellers Sony Ericsson. Zudem gibt es hierzulande gar nicht so viele Hersteller, die Handyteile zuliefern könnten. Unternehmen wie Nokia oder Sony Ericsson

müssten für die Entwicklung der vielen Einzelteile eines Handys erst einmal eigene Abteilungen aufbauen, was viel Geld kosten würde. Zu viel, wie Burgdorf meint: »Für kein Unternehmen würde es sich dann noch lohnen, Handys zu produzieren.« Denn sie wären dann schlicht so teuer, dass viele Menschen sich keines mehr leisten könnten. Beliebte Dinge wie elektronisches Spielzeug gäbe es ohne die weltweite Arbeitsteilung nicht zu so günstigen Preisen und in solchen großen Mengen, glaubt Handelsexperte Schwarzl. Sie wären nur noch für eine kleine Gruppe wohlhabender Leute erschwinglich. Viele andere Menschen müssten dann darauf verzichten.

ZERSTÖRT DIE GLOBALISIERUNG DIE BESONDERHEIT EINES JEDEN LANDES?

EINHEITSBREI? An der Spitze der Lieblingsgerichte der Deutschen stehen Spaghetti bolognese, gefolgt von Nudeln mit Tomatensoße. Erst dann kommt das Schnitzel. Japanische oder mexikanische Restaurants findet man heute in jeder größeren Stadt. Und auch sonst hat die Globalisierung unsere Auswahl an Nahrungsmitteln nicht zu einem kulturellen Einheitsbrei vermischt, sondern erweitert. Mode von H&M aus Schweden ist ebenso populär wie Autos aus Japan. Die große Mehrheit der deutschen Jugendlichen verbindet die Globalisierung mit kultureller Vielfalt.

MISSERFOLG Globalisierung heißt nicht Gleichmacherei: Dass sich ein Geschäftsmodell nicht einfach in ein anderes Land übertragen lässt, zeigte das Modelabel Gap, dessen Filialen bereits nach kurzer Zeit wieder aus deutschen Fußgängerzonen verschwanden. Ein Gap-Pulli stand für die USA – als Kaufargument überzeugte das aber nicht ausreichend viele Kunden. Um diesen Fehler nicht zu machen, passt McDonald's seine Speisekarte den Vorlieben eines jeden Landes an. So gibt es in Indien viele vegetarische Gerichte und Burger mit Hühnchen.

GRAUES PLASTIK HÄLT DIE WELT ZUSAMMEN

Erfunden wurde der Dübel vor 50 Jahren im Schwarzwald. Klaus Fischer sorgt dafür, dass die Plastikröhrchen heute in rund 100 Ländern verkauft werden. Das Familienunternehmen beweist: Globalisierung nützt nicht nur Konzernen

Von Danuta Szarek

In der Fabrik von Klaus Fischer wimmelt es von kleinen Röhrchen. Roboterarme reichen sie von Maschine zu Maschine, hier verschwinden sie und anderswo rollen sie wieder heraus. Bekommen Zacken und Schlitze verpasst. Wandern ein Fließband schräg hoch und an der anderen Seite wieder herunter. Schließlich prasseln sie in große Kübel aus Metall, und das klingt, als fielen Legosteine aufeinander. Allerdings sind diese Röhrchen, die eigentlich Dübel heißen, nicht bunt wie Lego, sondern fast alle grau. Nur in einem einzigen Kübel leuchtet es knallrot. Und das hat einen Grund: Diese Dübel sind für englische Kunden, denn in England hat jede Dübelsorte eine eigene Farbe.

Zwar ist Fischer ein deutsches Unternehmen aus Tumlingen im Schwarzwald, doch die Hälfte der Dübel, die in Deutschland hergestellt werden, liefert Fischer in andere Länder. Und wenn die Kunden in England rote wollen, dann bekommen sie sie. Das ist Globalisierung. »Würden wir unsere Produkte nicht international verkaufen, dann gäbe es uns heute gar nicht mehr«, sagt Firmenchef Klaus Fischer.

Viele denken bei Globalisierung an große Konzerne wie Daimler, BASF oder Adidas. Dabei profitieren gerade kleinere Unternehmen davon.

Dieser sogenannte Mittelstand trägt maßgeblich dazu bei, dass Deutschland so viele Waren ins Ausland verkauft wie kaum ein anderes Land auf der Welt. Zum Mittelstand

gehören viele Firmen, die seit Generationen von einer Familie geführt werden. Die vernetzte Wirtschaft ist für sie ein Segen. In den vergangenen 30 Jahren lernte Firmenchef Klaus Fischer eine Menge von seinen ausländischen Kunden und Mitarbeitern – und verdiente dabei viel Geld.

Klein angefangen.

Klaus Fischer war noch ein kleiner Junge, als sein Vater Artur vor über 50 Jahren den Dübel erfand. Wenn so ein Röhrchen in die Wand gesteckt und dann eine Schraube eingedreht wird, halten Bilder oder Regale viel besser in der Wand als nur mit Schraube oder Nagel. Man könnte ein 2500 Kilogramm schweres Auto an eine Zimmerdecke hängen, wenn man dazu einen bestimmten Dübel benutzt, sagt er.

Mit den kleinen Plastikteilen ist das Familienunternehmen berühmt geworden, doch längst stellt es auch andere Dinge her. Zum Beispiel Becher- oder Telefonhalter für Autos. Und Spielzeug, bekannt als »Fischertechnik«. Das Unternehmen hat klein angefangen – und war anfangs nur in Deutschland aktiv. Bis Artur Fischer in Tumlingen eines Tages Besuch von einem Freund aus Brasilien bekam. »Ich könnte dort auch eure Dübel verkaufen«, schlug der Freund vor. Artur Fischer war einverstanden, und so begann das Auslandsgeschäft der Firma Fischer. Bald gingen die Dübel nicht nur nach Brasilien, sondern auch in Länder wie Frankreich, Spanien und Italien. Heute gibt es sie in 100 Ländern zu kaufen.

Das Fischer-Werk in Horb. Hier wird Zubehör für Autos gebaut

Firmenchef Klaus Fischer lässt auch Spielzeug herstellen

Firma nur in einem Land herstellen und verkaufen, wäre sie zu abhängig, meint Fischer. »Wenn dort die Wirtschaft einmal nicht so gut liefe, hätten wir ein Problem«, sagt er. »Aber wenn man in mehreren Ländern tätig ist, gibt es immer auch solche, denen es besser geht. Und die gleichen die schwächeren Länder wieder aus.«

Die Firma Fischer bringt ihre Produkte aber nicht nur ins Ausland, sondern braucht umgekehrt auch Hilfe in anderen Ländern, um überhaupt produzieren zu können.

Den Stahl für die Metalldübel liefert zum Großteil ein finnischer Hersteller. Der wiederum bekommt die Kohle für seine Hochöfen aus Australien, und das Eisenerz kommt aus Brasilien. Die Kunststoffkörner, die geschmolzen und gepresst werden, kommen manchmal aus Deutschland, aber auch aus Italien oder Belgien.

Andere Welten.

Doch die Wege aus Deutschland in die Welt waren weit. »Das Hin-und-her-Schicken mancher Produkte war teuer und in einigen Fällen dauerte es einfach zu lange«, erzählt Klaus Fischer. Und so begann die nächste Etappe der Globalisierung: Die Firma Fischer baute im Ausland eigene Fabriken – »auch deshalb, weil je nach Land verschiedene Dübelsorten gebraucht werden«, sagt der 58-jährige Chef. In wärmeren Ländern sind die Wände dünner, da reichen kürzere Dübel. Solche Besonderheiten muss man erst in Erfahrung bringen, bevor man in anderen Ländern tätig wird. Das kostet natürlich Geld. Andererseits: Würde die

An einem Arbeitstag spucken die Maschinen in Tumlingen neun Millionen Kunststoffdübel aus. Von 100 Dübeln, die Fischer auf der ganzen Welt produzieren lässt, werden 75 im Ausland verkauft. »Und dieser Anteil wird noch steigen«, sagt der Unternehmenschef.

Internationales Team.

Fischer ist heute Chef von weltweit 3800 Mitarbeitern. 1980, als er den Posten von seinem Vater übernahm, waren es knapp 1500. Obwohl die Produktion im Ausland immer schneller wuchs und

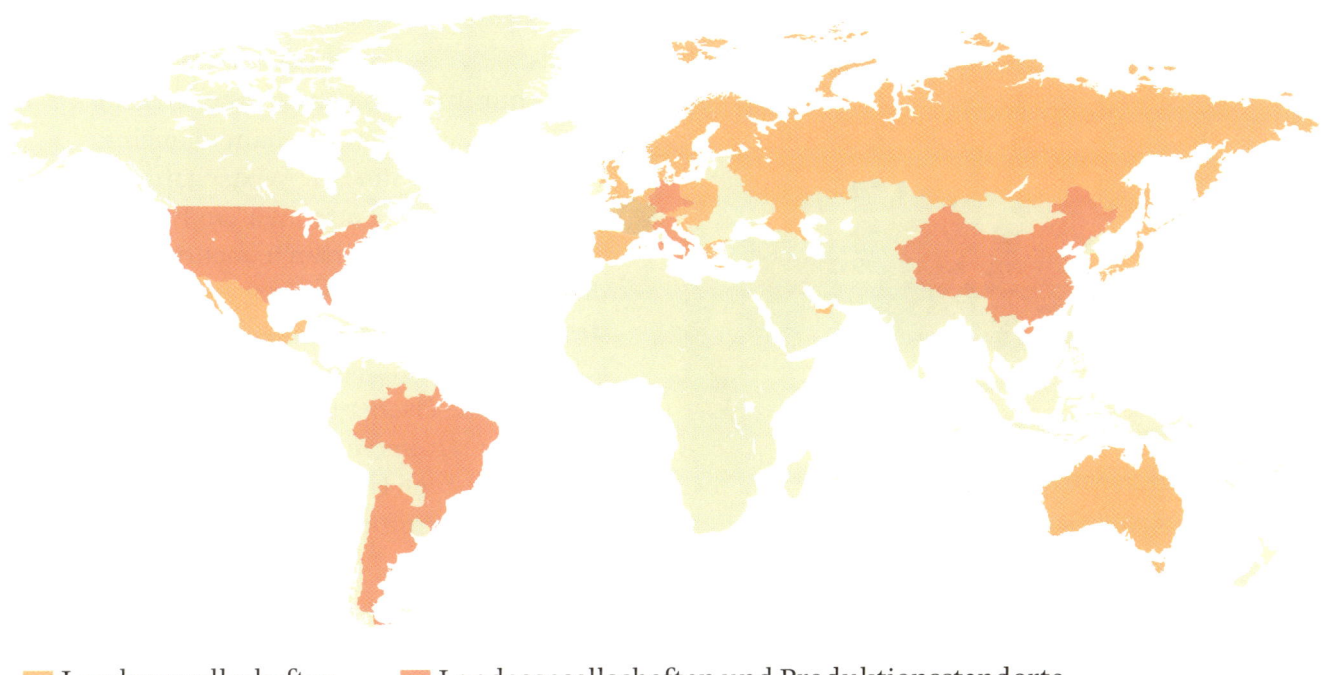

■ Landesgesellschaften   ■ Landesgesellschaften und Produktionsstandorte

Fischer dort oft auch billiger produzieren konnte, nahm die Zahl der Mitarbeiter in Deutschland weiter zu – auf heute rund 2000 Menschen. In Italien und Tschechien sind es jeweils über 300, in China über 200 Mitarbeiter. In den USA, Brasilien und Argentinien gibt es kleinere Niederlassungen.

»Unsere Fabriken sehen eigentlich überall gleich aus«, sagt Klaus Fischer, »aber die Menschen sind sehr unterschiedlich.«

So oft wie möglich sieht er sich vor Ort an, wie die Arbeit läuft. Wenn das nicht geht, schreibt er E-Mails und macht Videokonferenzen.

Kürzlich war er im tschechischen Werk zu Besuch und sprach mit Mitarbeitern –

teils auf Englisch, teils mit Händen und Füßen. Demnächst geht es nach Amerika, dann nach China. Im Ausland hat der Firmenchef Nützliches für sein Unternehmen gelernt. Von den Japanern zum Beispiel hat er sich abgeguckt, wie man in der Produktion viel Geld und Zeit sparen kann.

Nicht so ernst.
Doch die Menschen im Ausland bringen nicht nur Ideen für das Geschäft, sondern auch unterschiedliche Mentalitäten mit. »Die Südländer nehmen das Leben nicht so ernst wie wir, deshalb geht es oft lockerer zu«, musste der Familienunternehmer feststellen. In Japan seien Umgangsformen wichtig. »Bei Kritik muss man sehr darauf achten, dass der Kritisierte sein Gesicht wahren kann.«

Etwa 1000 Dübelvarianten werden bei der Firma Fischer hergestellt. Sie verdient damit Dreiviertel ihres Geldes

Oft veranstaltet die Firma Treffen zwischen den Mitarbeitern unterschiedlicher Nationalität: Deutsche Azubis fliegen nach Japan, ausländische Mitarbeiter kommen in den Schwarzwald.

Dabei sind die Teams oft schon innerhalb der einzelnen Länder bunt gemischt: In England sitzt ein Italiener in der Geschäftsführung, in Italien wiederum ein Deutscher.

Dominoeffekt.

Doch so, wie die Firma Fischer in guten Zeiten von ihren Auslandsmärkten profitiert, so leidet sie auch mit, wenn es dort Probleme gibt, zum Beispiel 2008: Zuerst war die Finanzkrise ein Problem der USA, dann erfasste sie die ganze Welt. Überall sind die Menschen vorsichtiger, kaufen weniger. Es werden zum Beispiel deutlich weniger Autos bestellt und gebaut. »Das ist auch für uns eine Herausforderung, denn wir liefern viele Teile für die Innenausstattung«,

sagt Klaus Fischer. Er ist unsicher, wie sich das Geschäft mit dem Autozubehör entwickeln wird. Auch wie sich Dübel und Spielzeug in Zukunft verkaufen werden, traut er sich nicht vorherzusagen.

Selbst wenn es in der Wirtschaft rund läuft, sind Unternehmer, die ihre Produkte im Ausland herstellen, nicht immer beliebt. Klaus Fischer hört manchmal den Vorwurf, er gefährde dadurch die Arbeitsplätze in Deutschland – und widerspricht. »Im Ausland stellen wir vor allem Sachen her, die die Menschen dort vor Ort brauchen.« Außerdem produziere Fischer viele Produkte, die im Ausland bestellt werden, in Deutschland. »Es bringt uns also zusätzliche Arbeit, wenn wir im Ausland tätig sind.«

Nicht immer gehen diese grenzenlosen Geschäfte gut.

Die Fabrik in Mexiko musste Fischer schließen, weil das Geschäft nicht so gut lief. Und im Jahr 2001 gingen 170 Arbeitsplätze in Deutschland verloren, als das Unternehmen einen deutschen Konkurrenten kaufte und einen Teil der Produktion nach Tschechien verlagerte. »Hinzu kommt, dass wir manche Produkte in anderen Ländern günstiger herstellen können als in Deutschland«, sagt der Chef. Das liegt daran, dass die Löhne dort niedriger sind: In China verdient ein Industriearbeiter im Durchschnitt etwa ein Zehntel dessen, was ein Deutscher bekommt – also zum Beispiel nur zwei Euro anstatt 20 Euro pro Stunde. Für einen Unternehmer ist das verlockend. »Aber es wäre gefährlich, nur darauf zu schauen, wo es billiger wird, und von einem Land ins nächste zu marschieren«, sagt Klaus Fischer. Schließlich bedeute jede Verlagerung auch Aufwand, eine Menge Kosten – und Risiko. Auf die richtige Mischung zwischen Auslands- und Inlandsproduktion komme es an, findet Fischer.

Überall Konkurrenz.

Doch auch das bringt die Globalisierung mit sich: Alle Unternehmen haben Chancen, international erfolgreich zu sein. Auch mit Dübeln. Vor allem Firmen aus Fernost, die sie günstiger anbieten, bereiten dem Chef Kopfzerbrechen. Es scheint, als könnte heute jeder Dübel herstellen. Deshalb will die Firma in Zukunft noch mehr Dübel in noch mehr Ländern verkaufen und ganz neue Produkte entwickeln. Am liebsten hätte Klaus Fischer auch ein Werk in Afrika. Der Unternehmer Fischer fühlt sich in der weiten Welt wohl, doch der Privatmann ist dort heimisch, wo auch seine Firma ihren Sitz hat: im Schwarzwald. Zu Hause bleiben kann auch ganz schön sein.

KÖNNEN LANGFRISTIG NUR NOCH GROSSE INTERNATIONALE KONZERNE ÜBERLEBEN?

AUSSENSEITER Vor zehn Jahren kannte kaum jemand Bionade, die Limonade aus der fränkischen Kleinstadt Ostheim. Aber jeder kannte Coca-Cola. In über 190 Ländern gibt es sie zu kaufen, angeblich ist es die bekannteste Marke der Welt. Das Unternehmen verkauft jedes Jahr Limonade für so viel Geld, wie alle Menschen in Jordanien zusammen erwirtschaften. Diese Summe aller Waren und Dienstleistungen, die ein Volk innerhalb eines Jahres herstellt, nennt man übrigens Bruttoinlandsprodukt (BIP). Coca-Colas Größe und Bekanntheit helfen dem Konzern, Konkurrenten zu verdrängen oder sie aufzukaufen. Kleine Anbieter haben dennoch eine Chance. Mit witziger Werbung schaffte es etwa Bionade, sich in Deutschland zu einem Szenegetränk zu entwickeln. 2002 verkauften die Hersteller zwei Millionen Flaschen, heute sind es 100-mal so viel. Der globalisierte Wettbewerb ist für kleine Firmen hart. Erfolg aber nicht unmöglich.

ALLEINGANG Dass Größe allein kein Vorteil ist, mussten unter anderem die Chefs der Autohersteller Daimler und Chrysler schmerzhaft erfahren. Sie hatten vor, durch den Zusammenschluss der deutschen und der amerikanischen Firma einen Weltkonzern zu bilden. Der damalige Chef von Daimler, Jürgen Schrempp, sagte beim Zusammenschluss im Jahr 1998 schwärmerisch, dies sei eine »Hochzeit im Himmel«. Doch neun Jahre später trennten sich die beiden Firmen wieder, der Zusammenschluss war gescheitert. Die Zusammenarbeit hatte nicht die erhofften Vorteile gebracht. Anstatt Kosten zu sparen und die Gewinne zu erhöhen, stieg nur der Frust bei den Mitarbeitern. Denn die deutschen Manager mussten feststellen, dass amerikanische Autokäufer auf ganz andere Dinge Wert legen als deutsche. Zum Beispiel werden Autos dort grundsätzlich nicht auf einen Schlag bezahlt, sondern in monatlichen Raten – also ist es sehr wichtig, wie viel Zinsen der Käufer pro Monat zahlen muss. Und auch die Arbeit der Autobauer war bei Chrysler anders organisiert als bei Daimler. So müssen zum Beispiel die amerikanischen Firmen viel mehr Geld für die Krankenversicherung ihrer Mitarbeiter zahlen als die deutschen.

FÖRDERT GLOBALISIERUNG DIE KINDERARBEIT?

Anina Strey, Julian Wilms, Jill Hahner und Erik Holms (stehend v. l. n. r.) führten das Gespräch mit Henkel-Chef Kasper Rorsted. Eineinhalb Stunden lang nahm sich der Herr über Persil, Pritt und Pattex dafür Zeit – und hatte Spaß dabei

Dokumentiert von Hagen Seidel

Etwas nervös waren die vier Schüler des evangelischen Theodor-Fliedner-Gymnasiums in Düsseldorf-Kaiserswerth schon, als sie in der Firmenzentrale von Henkel in Düsseldorf auftauchten. Anina Strey, Jill Hahner und Julian Wilms, alle 13 Jahre alt, sowie Erik Holm, 14, sollten Kasper Rorsted, 46, interviewen. Chef eines Konzerns, der Produkte wie Perwoll, Pattex oder Schauma Shampoo herstellt. Doch Rorsted, ein Däne, gab sich locker. Keine Spur von einem strengen Chef, dem 50 000 Mitarbeiter in aller Welt unterstehen. Seine Erfahrung als Vater von vier Kindern hat ihm sicher geholfen. Rorsted sollte es nicht einfach haben. Die vier bereiteten sich gemeinsam mit 23 Mitschülern aus dem Wahlpflichtkurs Wirtschaft/Politik der achten Jahrgangsstufe und mit Schulleiter

Michael Jacobs mehrere Unterrichtsstunden lang auf das Interview vor. Dennoch konnte der Henkel-Chef im Interview Eindruck machen – etwa als er erklärte, dass Klebstoffe seiner Firma nicht nur Handys und iPods, sondern sogar Autos und Flugzeuge zusammenhalten.

Anina Strey Kommende Woche fahren Sie zum Weltwirtschaftsforum nach Davos. Wollen Sie da arbeiten, oder geht es nur ums Skifahren?

Kasper Rorsted Nein, Skifahren werde ich gar nicht. Ich fahre zum Arbeiten nach Davos, wie sonst auch. Ich war schon mehrmals dort. Ich werde Kollegen, Kunden, Lieferanten und Politiker treffen, und wir werden überlegen, wie wir die Welt ein wenig besser machen können.

Anina Sie wollen wirklich in diesen fünf Tagen die Welt besser machen?

Rorsted Das muss man immer versuchen, auch wenn es sehr schwierig ist. Das kann man aber nur machen, wenn man viele interessante Menschen um sich hat, die auch etwas verändern können und möchten. Ich nehme dort an etwa 30 Veranstaltungen teil, an Vorträgen, Diskussionsrunden oder Meetings. Morgens um sieben geht es los, das geht dann über den gesamten Tag bis zum Gespräch beim Abendessen. Und in den Pausen gibt es weitere Gespräche mit Leuten, die man zufällig trifft. Das ist viel Arbeit. Schließlich muss man sich ja auch gut vorbereiten. So ähnlich wie in der Schule.

Wir haben Kasper Rorsted, den Chef von Henkel gefragt. Er verdient zwei Millionen Euro im Jahr und ist verantwortlich für Persil, Pritt und 50 000 Mitarbeiter.

Anina Was tut denn Henkel eigentlich, um die Welt besser zu machen?

Rorsted Wir tun einiges, und das schon seit vielen Jahren. Wir versuchen etwa, dafür zu sorgen, dass unsere Kunden beim Waschen Energie sparen. Wenn ihr heute Wäsche wascht, könnt ihr das bei 20 Grad tun. Früher brauchte man 60 Grad, damit das Hemd oder die Hose sauber wurde. Warum ist das wichtig? Weil man heute für dasselbe Waschergebnis weniger Energie braucht und so weniger CO_2 produziert wird.

Julian Wilms Ist es eigentlich Zufall, dass beim Weltwirtschaftsforum viel mehr Männer als Frauen sind?

Rorsted Da sprichst du etwas sehr Wichtiges an. Wir wollen – auch bei Henkel – mehr Frauen haben. Aber es dauert, bis wir das erreichen. Wir glauben, es ist wichtig, dass man einigermaßen ausgewogene Teams hat. Wir haben gerade bei Henkel hier in Düsseldorf unseren zweiten Kindergarten gebaut, damit Frauen nicht zu Hause bleiben müssen, wenn sie ein Kind bekommen haben. In Dänemark, wo ich herkomme, kennt man solche Probleme gar nicht. Wer möchte, kann seine Kinder gleich nach drei oder sechs Monaten in den Kindergarten geben. So etwas müssen wir hier auch schaffen.

Anina Es gibt viele Kritiker, die das Treffen in Davos und die ganze Globalisierung ablehnen. Die meinen, die ärmeren Länder würden ausgebeutet.

Rorsted Etwas zu kritisieren und zu sagen, »Das finde ich doof«, ist immer sehr einfach. Lösungen zu finden ist dagegen ziemlich schwierig. Aber um die zu finden, muss man sich treffen und darüber reden. Das tun wir ja in Davos. Deshalb habe ich wirklich ein Problem, diese Kritik zu verstehen. Bei dem Treffen sind ja alle da – auch die Repräsentanten der ärmeren Länder, die dort ihre Situation und ihre Interessen erklären. Und die werden ernst genommen, glaubt es mir.

Julian Was halten Sie denn persönlich von der Globalisierung?

Rorsted Zeig doch mal bitte deine Schuhe … (*Julian hebt seine Füße hoch*) … schau: Das ist eine amerikanische Marke. Deine Schuhe sind wahrscheinlich in China hergestellt und in Deutschland verkauft worden. Das ist ein Beispiel für Globalisierung. Globalisierung ist also ein Teil unseres Alltags. Und gerade wir in Deutschland haben viel davon, wir sind Exportweltmeister. Viele unserer Jobs hängen von der Globalisierung ab, wir profitieren davon. Ohne die Globalisierung könntest du im Winter bei uns keine Erdbeeren aus Ägypten kaufen. Es gäbe keinen iPod, der in den USA entwickelt und

in China gebaut wurde und der deutsche Telefonleitungen nutzt, wenn du Songs von iTunes herunterlädst. An der Globalisierung führt kein Weg vorbei.

Julian Kann Henkel Persil oder Schauma eigentlich auch in Amerika verkaufen?

Rorsted Ja, das machen wir auch. Manchmal haben die Produkte in anderen Ländern andere Namen, die Inhalte sind aber meist dieselben. Duschgel von Fa zum Beispiel verkaufen wir in Amerika unter dem Namen Dial – weil der dort bekannt ist und Fa halt nicht. Und unsere Waschmittelmarke in Amerika heißt Purex.

Anina Der Inhalt ist also in allen Ländern der gleiche?

Rorsted In fast allen. Es gibt ein paar Ausnahmen. Wenn ich dein Haar sehe und das im Labor mal analysieren würde, dann käme dabei heraus, dass es eine ganz andere Struktur hat als ein Haar eines gleichaltrigen Mädchens in Asien. Daher müssen wir die Rezepturen für Asien verändern. Auch sind die Geschmäcker verschieden. In Asien mögen sie es zum Beispiel, wenn die Creme die Haut ein bisschen weißer macht – ganz anders als in Europa, wo man ja gern braun ist.

Erik Holm Henkel ist ja in 125 Ländern vertreten. In wie vielen Ländern davon waren Sie schon?

Rorsted Ich schätze, dass ich bisher in der Hälfte der Länder war. Ich bin ja rund 160 Tage im Jahr unterwegs und sehe mir die Henkel-Standorte an. Ich reise sehr gern. Es macht Spaß, immer etwas Neues zu sehen.

Erik Wissen Sie genau, was Sie in den einzelnen Ländern verkaufen?

Rorsted Ja, tatsächlich. Denn wenn ich in so einem Land bin, dann gehe ich auch in die Läden und schaue mir an, wie unsere Produkte und die der Konkurrenten im Regal präsentiert werden. Das ist schon wichtig, wenn man die Märkte in anderen Ländern verstehen will. Das habe ich zuletzt in China, den USA und der Ukraine gemacht. Aber wir stellen so viele verschiedene Produkte her, da lerne ich auch jetzt noch immer was dazu bei so einem Ladenbesuch.

Erik Gibt es eigentlich Kontrolleure, die schauen, was in den Ländern vor sich geht?

Rorsted Wir haben in jedem Land einen Geschäftsführer oder eine Geschäftsführerin. Die achten darauf, dass wir in dem Land genug verkaufen, aber auch, dass wir uns dort gut benehmen und uns natürlich auch an die Gesetze halten. Das ist wichtig. Denn manchmal vergessen Erwachsene, was sie in der Schule gelernt haben: dass man nicht betrügen und niemanden übers Ohr hauen darf.

Erik Wie viele Sprachen muss denn der Chef eines internationalen Konzerns wie Henkel sprechen?

Rorsted Englisch auf jeden Fall, das spricht man fast in jedem Land. Ohne Englisch geht heute gar nichts. Wenn man bei einer deutschen Firma arbeitet und in Deutschland wohnt, sollte man natürlich Deutsch können. Ich versuche, das auch schon seit 20 Jahren, wie ihr hört (*Gelächter*). Wenn man nach Russland, Frankreich oder Italien versetzt wird, hilft es natürlich, auch diese Sprachen zu können, immerhin ein wenig.

Jill Hahner Welche können Sie noch?

Rorsted Ich kann noch die skandinavischen Sprachen Dänisch, Schwedisch und Norwegisch. Die Unterschiede sind so ein bisschen wie zwischen Bayerisch und Hochdeutsch. Es wäre allerdings hilfreich, wenn ich auch Spanisch oder Französisch könnte.

Jill Von den fünf Geschäftsführern bei Henkel sind nur zwei Deutsche. Hat das einen bestimmten Grund?

Rorsted Nein. Wir wollen einfach die Besten haben. Und da ist es egal, ob man groß oder klein, Bub oder Mädchen, Deutscher oder Däne ist. Der größte Teil unseres Umsatzes, über 80 Prozent, kommt aus anderen Ländern als Deutschland. Und deshalb ist es wichtig, dass wir in der Geschäftsführung auch Menschen haben, die aus anderen Ländern kommen.

Erik Gibt es in Ihren Fabriken irgendwo auf der Welt Kinderarbeit oder Umweltverschmutzung?

Rorsted Nein, bei uns gibt es keine Kinder — außer euch. Aber ernsthaft: So etwas wollen wir auch nicht haben. Wir haben bei Henkel Vorschriften, die häufig strenger sind als die Landesgesetze. Wir tun auch alles, damit wir keine Rohstoffe von Firmen kaufen, bei denen es Kinderarbeit gibt. Damit wollen wir nichts zu tun haben. Wir kontrollieren unsere Fabriken sehr genau, auch auf Umweltverschmutzungen hin. Da geben wir vielleicht mehr Geld aus, als wir eigentlich müssten.

Jill Gibt es denn dafür irgendwelche Bestätigungen oder Zertifikate?

Rorsted Ja, wir lassen uns das bestätigen und haben unter anderem bei den Vereinten Nationen eine Verpflichtung unterschrieben. Aber davon unabhängig: Wenn die Kunden wissen, dass eine Firma Kinder einsetzt oder die Umwelt verschmutzt, dann kaufen sie deren Produkte nicht mehr. Und das kann sich kein vernünftiger Mensch leisten.

Anina Henkel verdient seit Jahren viel Geld und hat gerade in Amerika für fast vier Milliarden Euro ein Unternehmen gekauft. Trotzdem entlassen Sie 3000 Mitarbeiter und machen das Werk in Genthin in Ostdeutschland zu. Muss das wirklich sein?

Rorsted Das sind natürlich Entscheidungen, die sehr unangenehm sind. Aber man soll Entscheidungen immer dann treffen, wenn man sie gut treffen kann und nicht erst dann, wenn man ein echtes Problem hat. Sonst wird man irgendwann dafür bestraft. Wenn man richtig gut in der Schule ist, ist es einfach, die Aufgaben für die nächsten Wochen zu machen. Wenn man aber schlecht in der Schule ist, ist es fast unmöglich, die Aufgaben auch nur für übermorgen zu machen. In diese Situation sollte auch eine Firma nicht kommen.

Anina Tun Ihnen denn die Menschen gar nicht leid, die jetzt ihren Arbeitsplatz verlieren?

Rorsted Selbstverständlich. Solche Entscheidungen fällt keiner gern. Aber deshalb tun wir auch alles dafür, dass möglichst viele der Betroffenen in Genthin einen neuen Job bekommen. Nicht nur bei Henkel, sondern auch bei anderen Firmen.

Julian Was hat Sie eigentlich von Dänemark nach Deutschland geführt?

Rorsted Das war erst mal eine berufliche Entscheidung. Außerdem wollte ich immer gern in einem großen Land arbeiten, und Deutschland hat mir immer sehr gefallen. Dann bekam ich einen Job in München angeboten. Da war ich dann auch näher an den Bergen und dem besten Fußballteam der Welt, nämlich Bayern München (*Gelächter*).

Julian Stimmt es, dass Sie beim Weltwirtschaftsforum in Davos Ihren Henkel-Job angeboten bekommen haben?

Rorsted Da habe ich tatsächlich den ersten Kontakt zu wichtigen Leuten von Henkel bekommen. Die Wirtschaftswelt ist eine kleine Welt: Man lernt Leute kennen, kann die anrufen und überlegt, ob man bei den anderen ins Team passt. So war das hier auch. Wir mochten uns gleich, und irgendwann hat das geklappt.

Julian Und wie haben Sie es dann geschafft, so schnell Chef zu werden?

Rorsted Weil ich viel Glück gehabt habe. Du musst zum richtigen Zeitpunkt am richtigen Ort sein und deine Chancen ergreifen. Na ja, und viel arbeiten und gut sein muss man natürlich auch.

Erik Wollten Sie schon immer Henkel-Chef werden?

Rorsted Seitdem ich zu Henkel gekommen bin: ja (*Gelächter*). Bei mir änderte sich das mit dem Alter. Mit 25 wollte ich noch nicht unbedingt Chef werden, mit Mitte 30 schon eher. Es ist sehr spannend, ein großes Unternehmen zu führen.

Jill Was genau ist denn so spannend an Ihrem Job?

Rorsted Jeder Tag ist aufregend. Heute hat man mal mit Spaniern zu tun, dann mit Amerikanern, morgen mit Österreichern. Das ist interessant. Du kannst unheimlich viel gestalten in einer großen Firma. Das macht mir einfach Spaß.

Anina Wie kam denn Ihre Familie mit dem Wechsel von München nach Düsseldorf klar?

Rorsted Ich habe vier Kinder. Die beiden ältesten, die genau euer Alter haben, mussten die Schule wechseln und ihre Freunde verlassen. Das war am Anfang nicht so einfach. Aber auf der anderen Seite sehen wir uns jetzt wieder zum Frühstück. Das war vorher über viele Jahre nicht so, als sie in München wohnten und ich in Düsseldorf oder anderswo gearbeitet habe. Es ist immer spannend, was Neues zu machen und kennenzulernen, auch für die Kinder.

Anina Wie oft sehen Sie Ihre Familie?

Rorsted Es ist ja meine Entscheidung, wie viele Abend- oder Wochenendtermine ich mache. Deshalb kann ich mich auch nicht darüber beklagen, dass ich zu wenig Zeit für die Familie habe. Letzte Woche etwa war ich nur am Dienstagabend zu Hause, sonst war ich immer unterwegs. Das ist nicht außergewöhnlich. Während der Woche sehe ich meine Familie selten, aber dafür machen wir dann am Wochenende viel zusammen. Im Winter versuchen wir, alle zwei oder drei Wochen zum Skifahren zu kommen. Daneben gehen wir ins Kino, zum Tennis – oder meine Tochter schleppt mich mit zum Bummeln in die Stadt. Was ich fürchterlich finde.

Anina Wenn Sie mal zu Hause sind, helfen Sie dann auch bei den Hausaufgaben, oder wird immer nur Programm gemacht?

Rorsted Ich mache genau das, was eure Eltern auch machen. Ich helfe bei den Hausaufgaben, lese der Siebenjährigen »Bibi Blocksberg« vor, räume den Tisch ab und bringe den Müll raus.

Julian Kann ein mittelmäßiger Schüler später ein super Manager werden?

Rorsted Bei meinen Kindern finde ich die Noten natürlich sehr wichtig. Bei mir war das lange anders. Bis zu meinem 18. Lebensjahr war ich eher ein fauler Kerl. Sport und Mädels fand ich damals spannender. Also: Noten sind wichtig, doch sie sind nicht alles. Aber gute Noten machen das Leben leichter.

Julian In der Schule gibt es Noten von 1 bis 6. Sollte es so was bei Henkel geben?

Rorsted Wir geben unseren Mitarbeitern ja auch Noten. Denn ich finde es wichtig, dass man immer Reaktionen auf das bekommt, was man so macht. Egal, ob man Schüler oder Chef ist. Aber man muss immer sagen, was man besser machen kann. Kritisieren allein reicht nicht.

Erik Haben Kinder aus armen Familien beruflich schlechtere Chancen als Kinder mit reichem Papi?

Rorsted Ich glaube, es ist weniger eine Frage von arm und reich. Es ist eher die Frage, ob es in der Familie eine Tradition des Lernens gibt. Akademikerkinder haben es eindeutig leichter, weil ihnen die Eltern besser helfen können. Deshalb versuchen wir auch, mit Förderprogrammen jene Kinder und Jugendliche zu unterstützen, denen zu Hause nie jemand bei den Hausaufgaben hilft. Selbstverständlich sollte jeder dieselben Chancen haben – aber so ist es nicht im richtigen Leben.

Erik Muss man im Ausland gearbeitet haben, um Karriere zu machen?

Rorsted Es kommt darauf an, was man will. Wenn ich immer in meiner Stadt bleiben will, dann brauche ich auch nicht für ein oder zwei Jahre nach Amerika zu gehen. In einer Firma wie Henkel dagegen hilft es sehr. Ich als Däne habe in Deutschland, in Amerika, der Schweiz und in England gearbeitet. Ich glaube schon, dass ein solcher Auslandseinsatz hilft zu verstehen, dass die Leute in anderen Ländern anders sind. Dann bekommt man mehr Verständnis.

Julian Sie verdienen ja über zwei Millionen Euro im Jahr. Wollten Sie schon immer so viel Geld bekommen?

Rorsted Ich habe nie sehr auf das Geld geschaut, sondern immer auf spannende Aufgaben. Denn man kann nur das gut machen, was man gern macht. Und wenn man etwas gut macht, bekommt man wahrscheinlich auch eine entsprechende Belohnung dafür. Aber Geld war nie die wichtigste Motivation. Ich verbringe zwei Drittel meines Lebens im Job – da kann ich nicht etwas tun, was mir keinen Spaß macht, auch wenn es noch so gut bezahlt ist.

Julian Spenden Sie denn von Ihrem Geld was für ärmere Leute?

Rorsted Ja. Aber das sollte man nicht an die große Glocke hängen.

EINMAL UM DIE WELT VERSICHERT

Deutschlands größter Versicherer, die Allianz, verkauft ihre Verträge in aller Welt. Das klappt nur, wenn die Besonderheiten jedes Landes berücksichtigt werden. Wie sehr die Globalisierung dieses urdeutsche Unternehmen verändert hat, zeigt diese Reportage

Von Sebastian Jost

Es ist schwer zu glauben, dass Rupert Hiller und Merin Hema etwas gemeinsam haben. Die beiden leben gut 7000 Kilometer auseinander. Wenn Rupert Hiller zur Arbeit geht, trägt er ein weißes Hemd, eine dunkel gestreifte Krawatte und einen dunkelblauen Blazer mit goldfarbenen Knöpfen. Wenn Merin Hema zum Dienst antritt, trägt sie ein grün-blau gemustertes Wickelkleid.

Hillers Kunden nehmen an einem hellen Holztisch Platz, lesen eine Hochglanzbroschüre und werden mit Cappuccino bewirtet. Hemas Kunden können oft nicht lesen, von Cappuccino haben sie noch nie gehört.

In Hillers Büro wird in ruhigem Ton über das Geschäft gesprochen. Hema hat einen lautstarken Trommler dabei, der Lieder singt.

Und doch sind Hiller und Hema Kollegen. Beide arbeiten im Auftrag desselben Konzerns. Sie versuchen Menschen davon zu überzeugen, Versicherungen bei der Allianz abzuschließen. Hiller macht das in Unterschleißheim bei München, wo viele Leute selbst für deutsche Verhältnisse gut verdienen. Hema agiert in einem Dorf namens Kulasegarapuram in Südindien, wo viele Menschen so arm sind, dass sie sich ohne Versicherung keinen Arzt leisten können. Hiller könnte wahrscheinlich in Indien niemandem eine Versicherung verkaufen. Hemas Methoden würden in Unterschleißheim Kopfschütteln auslösen. Anstelle einer Hochglanzbroschüre hat sie nur ein Blatt Papier dabei, das in der Stammessprache Tamil erläutert, was Hema zu bieten hat. Damit steht sie in einem Gemeindesaal mit Wellblechdach und grobem Betonboden. Glasscheiben gibt es nicht, nur Drahtgitter in den Fenstern. Das reicht völlig aus. In Kulasegarapuram ist es auch im Winter selten kälter als 25 Grad.

Vor ihr sitzen 100 Frauen auf groben blauen Holzbänken – die möglichen Kunden des heutigen Tages. Und weil Hemas Papier allein nicht überzeugend genug ist und ohnehin nicht alle der Frauen lesen können, hat sich Merin Hema den jungen Mann mit der Trommel mitgebracht. Der singt ein Lied, das von den Gefahren des Lebens handelt und davon, wie sie sich überwinden lassen. Nämlich mit dem, was auch Rupert Hiller verkauft – mit einer Versicherung.

Bunte Welt eines globalen Unternehmens: Rupert Hiller und Thomas Weckerle verkaufen bei München ihre Versicherungen ...

Größer als zwischen armen indischen Bauern und wohlhabenden Bayern könnten die Unterschiede kaum sein.

Doch kann der Bauer in Kulasegarapuram genauso ein Kunde des Versicherers werden wie der Unternehmensberater in Unterschleißheim. Der Konzern stellt sich darauf ein. Seine Verkäufer sprechen mal uriges Bayerisch, mal Tamil, mal Russisch, mal Japanisch. Die Allianz, einst ein urdeutsches Unternehmen, ist inzwischen einer der am konsequentesten global ausgerichteten Konzerne des Landes. Seine Versicherungen gibt es in über 70 Ländern auf der Welt.

Damit steht das Unternehmen für all das, was Globalisierung ausmacht:

Für die Gegensätze zwischen Europa und Südasien oder zwischen Lateinamerika und Australien, die in einem einzigen Konzern überbrückt werden müssen. Für die Möglichkeiten, dass Menschen in verschiedenen Ländern voneinander lernen. Aber auch für die Gefahren, die der weltweite Wettbewerb um Arbeit gerade für die Menschen in Europa mit sich bringt. Was wird aus ihnen, wenn ihr Job auf der anderen Seite des Globus erledigt werden kann – nur eben viel billiger?

Neue Kunden.

Der Weg zu einem globalen Konzern ist weit und beschwerlich. In jedem Land muss man von vorne anfangen, in jedem Land haben die Kunden andere Wünsche und Ansprüche. Nirgendwo hat es der Versicherer so bequem wie in Deutschland, wo er klar das größte Unternehmen der Branche ist, wo die meisten Menschen den Namen kennen. Und wo seine Versicherungsvertreter oft genug selbst so bekannt sind wie der Pfarrer oder der Bürgermeister im Ort. »Die Leute sagen hier nicht: ›Ich bin bei der Allianz versichert‹, die sagen: ›Ich bin beim Hiller versichert‹«, sagt der 60-jährige Vertreter aus Unterschleißheim.

Mit den meisten seiner wichtigen Kunden sei er befreundet, sagt Hiller. Wie eine Versicherung grundsätzlich funktioniert, das wissen sowieso die meisten in einem Land wie Deutschland: Der Kunde bezahlt eine gewisse Gebühr, die Prämie, und der Versicherer übernimmt dafür zum Beispiel die Reparaturkosten, wenn das versicherte Auto kaputtgeht. Geht es nicht kaputt, hat der Versicherer Glück gehabt.

Das Ganze ist vereinfacht gesagt eine Wette, die dem Kunden das Risiko abnimmt.

»Meine Kunden fragen nicht so genau, was ich ihnen im Detail ausgearbeitet habe«, erzählt der Vertreter in gemütlichem Plauderton. »Die sagen: ›Passt schon, ich vertraue dir.‹«

Diesen Satz würde Merin Hema auch gern öfter hören. Doch fast alle ihrer Kunden haben noch nie etwas von Versicherungen gehört. »Die meisten finden es unfair, dass sie ihr Geld nicht zurückbekommen, falls ihnen nichts passiert«, sagt die junge Frau.

Ein Euro Prämie pro Jahr kostet eine Versicherung gegen Unfälle, Brände, Überschwemmungen und andere Naturgefahren – in Deutschland wäre das ein Minibetrag, für viele der Familien in den indischen Dörfern ist es viel Geld.

Zwischen Liedern und Trommelstücken lässt Merin Hema Frauen aus Nachbardörfern erzählen, wie ihnen ihre Versicherung geholfen hat. Da ist zum Beispiel Thanga Pazham, die mehrere Tage ins Krankenhaus musste, was sie sich ohne Versicherung nie hätte leisten können. »Die Leute sollen sehen, dass hier nicht nur eine Firma Geld machen will, sondern dass sie etwas davon haben«, sagt Merin Hema.

Wobei es nicht so ist, dass die Allianz in Indien kein Geld verdienen wollte. Trotz Miniprämien soll sich das Geschäft mit den sogenannten Mikroversicherungen lohnen. Die Zielgruppe ist schließlich riesig: 1,1 Milliarden Menschen leben in Indien, das sind mehr als 13-mal so viele wie in Deutschland und mehr als doppelt so viele wie in der ganzen Europäischen Union. Selbst wenn sich ein großer Teil dieser Inder auf absehbare Zeit nur winzige Prämien leisten kann, könnte sich das Indien-Abenteuer lohnen: Hat das Versicherungsunternehmen Erfolg, steht es vor einem gigantischen Markt – schließlich gibt es auch in Afrika viele arme Länder, die ähnliche Angebote brauchen könnten.

Im Süden Indiens passiert das Verkaufen von Versicherungen bei einer Art Volksfest in der Halle des Dorfes

Neue Kopierkunst.

Das ist der Vorteil eines globalen Konzerns: Wenn ein Produkt in einer Ecke der Welt funktioniert, lässt es sich kopieren, sofern die Rahmenbedingungen stimmen. Eine Krankenversicherung für Haustiere zum Beispiel. In Deutschland bietet die Allianz sie seit Sommer 2008 an, und bisher ist das eher eine exotische Angelegenheit: Von 13 Millionen Hunden und Katzen in Deutschland sind nur 100 000 versichert. Trotzdem musste der Konzern nicht bei null anfangen – denn in Großbritannien versichert ihre Tochter Petplan seit 31 Jahren Vierbeiner.

»Ein Viertel aller Haustiere hat inzwischen eine Krankenversicherung«,

berichtet Simon Wheeler, die die Sparte seit Jahren betreut. »In Deutschland haben die Versicherer das Thema Haustiere dagegen lange kaum beachtet«, sagt Karl-Walter Gutberlet, Manager bei der Versicherung in Deutschland.

Allerdings reicht es meist nicht, einfach nur ein Produkt zu kopieren, weiß Simon Wheeler. So müsse man eine Haustierversicherung in Japan ganz anders verkaufen als in Europa: »Die meisten Japaner sehen ein Haustier nicht als Teil der Familie an, sondern eher als ein Produkt wie einen Fernseher oder eine Stereoanlage«, sagt Wheeler. Eine Werbekampagne, die rührend von kranken Tieren erzählt, zieht dort also nicht – da müssen die nackten Zahlen überzeugen: Ist es günstiger, den alten Hund gegen hohe Tierarztrechnungen zu versichern oder einen neuen zu kaufen?

Neue Geldquellen.

Rupert Hiller hat bisher keine Tierkrankenversicherung verkauft. Noch ist er nicht überzeugt davon, dass sich diese Versicherung für den Kunden wirklich lohnt. Und Hiller möchte es sich nicht mit den Kunden verscherzen, deren Vertrauen er an anderer Stelle braucht. Wenn es um eine Lebensversicherung geht zum Beispiel. Das ist eine Art Sparvertrag, mit dem sehr viele Menschen in Deutschland fürs Rentenalter vorsorgen. Sie zahlen monatlich ihre Prämien, und der Versicherer verspricht, das Geld in 20 oder 30 Jahren zurückzuzahlen und dazu einen bestimmten Zins. Stirbt der Kunde vor der Auszahlung, dann bekommen Angehörige das Geld. Damit das Versicherungsunternehmen seine Versprechen einhalten kann, muss es das Geld geschickt anlegen. Das macht der Konzern vor allem an den Börsen rund um den Globus. Doch wie funktioniert das?

Die Suche nach einer Antwort auf diese Frage führt zu einem dunkelgrauen Betonbau im Frankfurter Bankenviertel.

Wie in einer Trutzburg hat sich hinter einer Eingangshalle mit niedriger Decke eine Allianz-Einheit verschanzt, die darüber entscheidet, was mit unvorstellbar viel Geld passieren soll.

969 Milliarden Euro verwaltet der Konzern weltweit – und das meiste davon für seine Kunden. Das entspricht fast der Hälfte des deutschen Bruttoinlandsprodukts, also der Summe aller Waren und Dienstleistungen, die wir im Land innerhalb eines Jahres herstellen.

In Frankfurt überlegen Börsenexperten in einer Telefonkonferenz, wo das Geld der Kunden am besten angelegt ist

<mark>Allianz Global Investors (</mark>AGI) – der Name ist Programm: Keine andere Sparte des Versicherers arbeitet ähnlich international.

Wenn sich die Frankfurter AGI-Experten morgens um Viertel nach neun im Konferenzraum mit Blick auf den verglasten Innenhof treffen, sind sie nicht allein: Auf einem Fernsehschirm ist das Livebild eines Konferenzraums in London zu sehen, und per Telefon sind diverse Kollegen aus Hongkong in China und Tokio in Japan zugeschaltet.

Die Experten aus Amerika fehlen, weil es bei ihnen um diese Uhrzeit gerade mitten in der Nacht ist. Zuerst berichtet einer der uniformartig mit hellen Hemden und dunklen Krawatten ausgestatteten Männer, dass die Börsenkurse in Japan an diesem Morgen um drei Prozent abgestürzt seien und dass das eher an Amerika als an den Schwächen der japanischen Wirtschaft selbst liege. Dann stellt ein Kollege aus Hongkong eine Chemiefirma vor, der er viel zutraut und in die man durchaus Geld stecken könnte.

Neue Arbeitswelt.

Im Alltag profitiere man jeden Tag von der Globalisierung, sagt Matthieu Louanges, der einen kleinen Teil der AGI-Anlagen in München verwaltet. Wenn man etwa Geld in amerikanische Firmen anlegen wolle, sei es ein großer Vorteil, wenn man eigene Leute vor Ort habe, die die Unternehmen gut kennen. Andererseits macht die Arbeit über die Kontinente hinweg das Leben des gebürtigen Franzosen nicht eben bequemer. »Ein Arbeitstag von 9 bis 18 Uhr, damit ist es vorbei«, sagt der 37-Jährige. Denn irgendwo auf der Welt hat fast immer eine Börse geöffnet. »Man muss abends im Blick behalten, was sich in den USA tut, und morgens sollte man auch so früh wie möglich wieder am Ball sein, weil dann ja die asiatischen Börsen geöffnet sind«, erzählt Louanges. Sein Blackberry, jenes etwas zu groß geratene Handy, mit dem Manager immer und überall ihre E-Mails empfangen können, ist rund um die Uhr eingeschaltet, auch am Wochenende.

Die Globalisierung lässt immer weniger Platz für Menschen, die auf einem pünktlichen Feierabend bestehen.

Und für Menschen, die kein Englisch sprechen. Das gilt insbesondere für das Hauptquartier der Allianz an der Münchener Königinstraße. Gerade mal 900 der mehr als 150 000 Konzernmitarbeiter sind hier beschäftigt. Hier laufen die Fäden zusammen. Englisch sei hier längst Pflicht, Deutsch dagegen nicht zwingend erforderlich, sagt Angelika Inglsperger aus der Personalabteilung des Konzerns: »Es kommt oft genug vor, dass ich den ganzen Tag ausschließlich Englisch spreche, nur in der Mittagspause vielleicht ein paar Worte Deutsch.« In ihrer eigenen Abteilung arbeiten Kollegen, die gerade einmal genug Deutsch sprechen, um beim Bäcker einkaufen zu gehen. Das stört aber niemanden. Der Konzern bietet auch Platz für Männer wie Carlos Enrique Quispe Allende aus Peru, der in München Völkerkunde studiert, einen Job in der Allianz-Poststelle hat und inzwischen Managern anderer Firmen beibringt, wie man mit verschiedenen Kulturen umgeht.

Neue Konkurrenz.

Die globalen Möglichkeiten der Allianz machen den Münchener Konzern aber nicht nur als Arbeitgeber interessant, sondern sorgen auch kräftig für Konkurrenz.

Wer im Konzern Karriere machen möchte, muss sich auch gegen andere Kandidaten im Ausland durchsetzen.

»Der Wettbewerb um Führungsposten hat zugenommen«, sagt Inglsperger.

Und es geht nicht nur um das Spitzenpersonal. Auch einfache Angestellte, die Anfragen von Kunden beantworten oder etwa nach einem Unfall den Schaden am Auto erfassen, stehen mit einem Mal im internationalen Konkurrenzkampf.

Diesen haben die Allianz-Mitarbeiter in Großbritannien schon ein Stück weit verloren – gegen 650 Männer und Frauen, die bei der Tochterfirma Allianz Cornhill im Südwesten Indiens arbeiten. Dort bekomme man eben dieselbe

Wie lange steht das Deutschlandgeschäft, das am Frankfurter Mainufer verwaltet wird, noch im Zentrum?

Arbeit zum halben Preis, erklärt <mark>John Knowles</mark>, der für die Überseeeinheit verantwortlich ist. Das soll es der Allianz möglich machen, in Großbritannien günstigere Versicherungen anzubieten und so mehr Kunden zu bekommen.

»Um den Großteil unserer Arbeitsplätze zu erhalten, müssen wir die Chancen nutzen, die die Globalisierung uns bietet«,

sagt Knowles. Und meint damit: Würde der Konzern nicht ständig nach kostengünstigen Wegen suchen, würde er von Konkurrenten verdrängt.

Es ist ein Argument, das Manager oft benutzen. Und doch ist genau das die Angriffsfläche, auf die Gegner der Globalisierung als Erstes abzielen. Zumal so mancher Konzern aus Europa oder Amerika die Mitarbeiter in Asien unter unmenschlichen Bedingungen schuften lässt und mit Hungerlöhnen abspeist, um den Gewinn zu steigern. Das Beispiel der Allianz zeigt allerdings, dass das nicht immer so ist. Der »Technopark« in der Nähe der Großstadt Trivandrum, in dem Allianz Cornhill sitzt, gleicht nahezu einer Oase im ansonsten staubigen, heißen und überfüllten Südwesten Indiens. Zwischen bunten Blumenrabatten erhebt sich ein sechs Stockwerke hoher Büropalast mit einem prächtigem Innenhof und einer gewaltigen Glaskuppel. Im zweiten Stock sitzen die Mitarbeiter in voll klimatisierten und modern ausgestatteten Großraumbüros.

Da ist zum Beispiel eine junge Frau in blauer indischer Tracht, die mit perfektem britischen Akzent eine Kundin aus Birmingham per Telefon berät.

Die Rentnerin, die eine Frage zu ihrer Hausratversicherung hat, merkt gar nicht, dass die von ihr gewählte Kundentelefonnummer sie direkt mit einer Mitarbeiterin in Indien verbunden hat.

Ein paar Ecken weiter sitzt Madhusudan Nair. Eigentlich ist er Tierarzt, doch seit dreieinhalb Jahren behandelt er keine Pferde oder Hunde mehr, sondern arbeitet für die Haustierversicherung in Großbritannien. Der 44-Jährige prüft, ob die Ärzte in England überhöhte Rechnungen gestellt oder falsch behandelt haben, ehe das Geld erstattet wird. »Nur der Scheck für den Kunden wird noch in Großbritannien gedruckt, den Rest machen wir hier«, sagt der freundliche Mann mit dem perfekt gebügelten Hemd und der golden-blau karierten Krawatte. Insgesamt arbeiten 45 Tierärzte in der Abteilung – und sie haben damit das große Los gezogen. Als Dorftierarzt könne man in Indien kaum überleben, erzählt Nair, denn die wenigsten Bauern könnten es sich leisten, ihre Tiere behandeln zu lassen. Die Versicherung zahlt Ärzten zum Einstieg etwa 310 Euro pro Monat. In Deutschland wäre das ein mickriger Lohn, aber in Indien gehören die Mitarbeiter

Bewirbt Versicherungen mit Mini-Prämien in Südindien: Merin Hema

damit klar zu den Besserverdienenden. Das Geld reicht, um eine große Wohnung für eine vierköpfige Familie zu mieten, das Schulgeld für die Kinder zu bezahlen und sich ein modernes Auto zu kaufen.

Was für die indischen Tierärzte die Chance ihres Lebens ist, kostet Arbeitsplätze in Großbritannien.

Zwar hat die Allianz nach eigenem Bekunden nur etwa 60 Stellen gestrichen – aber ohne die Indien-Einheit wären Hunderte zusätzlicher Jobs entstanden.

Versicherungsvertreter Hiller aus Unterschleißheim hätte nichts dagegen, wenn die Verträge seiner Kunden künftig auch in Übersee betreut würden. »Ob die Allianz die Verträge in Österreich, Tschechien oder Indien verwaltet, ist für uns und unsere Kunden ziemlich egal, es muss nur reibungslos funktionieren«, sagt er. Doch bisher befürchten die Betriebsräte des Unternehmens in Deutschland nicht, dass auch hiesige Jobs nach Asien abwandern – sie sind heilfroh, dass in Indien zwar viele Menschen gut Englisch sprechen, aber nur wenige Deutsch.

Neue Hackordnung.

Aber welche Rolle spielt Deutschland noch in der globalisierten Allianz? »Das europäische Geschäft wird immer der Kern bleiben«, sagt Deutschlandchef Gerhard Rupprecht. Doch in Deutschland verringern sich die Einnahmen der klassischen Versicherungen für Autos oder Hausrat Jahr für Jahr, weil die Bevölkerung schrumpft. In Ländern wie Indien sieht das ganz anders aus – die dortige Tochterfirma Bajaj Allianz erlebt einen gewaltigen Boom. »Indien hat mehr als eine Milliarde Konsumenten in Reserve, da entsteht noch ein riesiger Markt für Versicherungen«, sagt Suresh Nair, Regionalchef von Bajaj Allianz. Erst recht, wenn irgendwann auch die heute noch armen Kunden von Merin Hema im Dorf Kulasegarapuram Urlaub machen oder sich Autos kaufen können. Die Globalisierung ist noch lange nicht zu Ende.

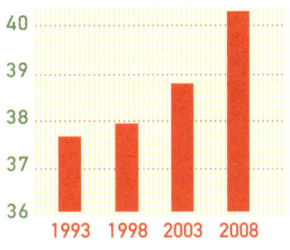

ERWERBSTÄTIGE
IN DEUTSCHLAND
Angaben in Millionen
Quelle: BA für Arbeit

NIMMT DIE GLOBALISIERUNG DEN MENSCHEN IN DEUTSCHLAND DIE JOBS WEG?

REKORD 2008 verzeichnete Deutschland einen Rekord: In diesem Jahr waren durchschnittlich 40,35 Millionen Menschen erwerbstätig. Das sind so viele wie nie zuvor. Statt Arbeitsplätze zu vernichten, hat die Globalisierung neue geschaffen. Zwar sind einige Jobs hierzulande weggefallen, weil die Arbeit jetzt in anderen Ländern erledigt wird. Dafür sind aber noch mehr neue Arbeitsplätze in Deutschland entstanden. Denn deutsche Firmen bauen die Maschinen und Anlagen, die andere Länder für ihr Wachstum brauchen.

WANDEL Die Globalisierung zwingt die Menschen aber auch zum Wandel. So gibt es in Deutschland heute im Gegensatz zu vor 50 Jahren kaum mehr einen Textilhersteller. Im Gegenzug sind aber jede Menge neuer Jobs entstanden. Designer, Werbeexperten und Forscher denken sich hier aus, was die Arbeitnehmer zum Beispiel in Asien produzieren. Letztlich werden oft Jobs gesichert – nicht obwohl, sondern weil Unternehmen Fertigungsstätten ins Ausland verlegen.

MISSERFOLG Firmen, die bei der Verlagerung von Fabriken nur die niedrigeren Kosten im Blick haben, werden enttäuscht. Das zeigte der Fall Nokia. Erst wurde der finnische Handyhersteller mit Subventionen nach Deutschland gelockt und eröffnete in Bochum ein Werk. Als die Unterstützung auslief, machte Nokia gegen den Protest der enttäuschten Angestellten den Betrieb dicht und verlagerte ihn in das günstigere Rumänien. Selbst wenn Nokia dadurch Kosten spart: Der Ruf ist seither stark angekratzt.

PLACKEREI STATT SCHULE

158 Millionen Kinder schuften Tag für Tag. Wer dafür der Globalisierung die Schuld gibt, urteilt vorschnell. Wachsender Wohlstand sorgt dafür, dass immer weniger Minderjährige arbeiten müssen

*Von Ileana Grabitz
und Christiane Kühl*

Englisch ist Sun Xichuns Lieblingsfach. Und wie bei den meisten chinesischen Teenagern dreht sich das Leben des 13-Jährigen aus Shanghai allem voran um die Schule. Als seine Eltern die Schulbank drückten, war das noch ganz anders. Ihr Unterricht war langweilig; sie mussten vor allem auswendig lernen.

Xichun und seine Freunde lernen heute viel über das Ausland, ihre Bücher und Lernhefte sind viel reichhaltiger – und das ist auch der Globalisierung zu verdanken.

So lernt der Junge Rechnen mit einem deutschen Mathematikbuch, das ins Chinesische übersetzt wurde. Sein Erdkundelehrer zeigt Fotos von Sehenswürdigkeiten im Ausland. Xichun erfährt beispielsweise, wo der Eiffelturm und das Brandenburger Tor stehen – und auch, wie die deutsche Autoindustrie funktioniert. Der Musiklehrer spielt den Teenagern an einem Tag traditionelle japanische Saiteninstrumente vor und lauscht mit ihnen an einem anderen Tag einer Klaviersonate von Beethoven. Xichun mag es zu lernen, doch manchmal wünscht er sich auch, einfach mal freizuhaben. »Wenn ich mal einen ganzen Tag Zeit hätte, würde ich vor allem fernsehen«, sagt er und grinst.

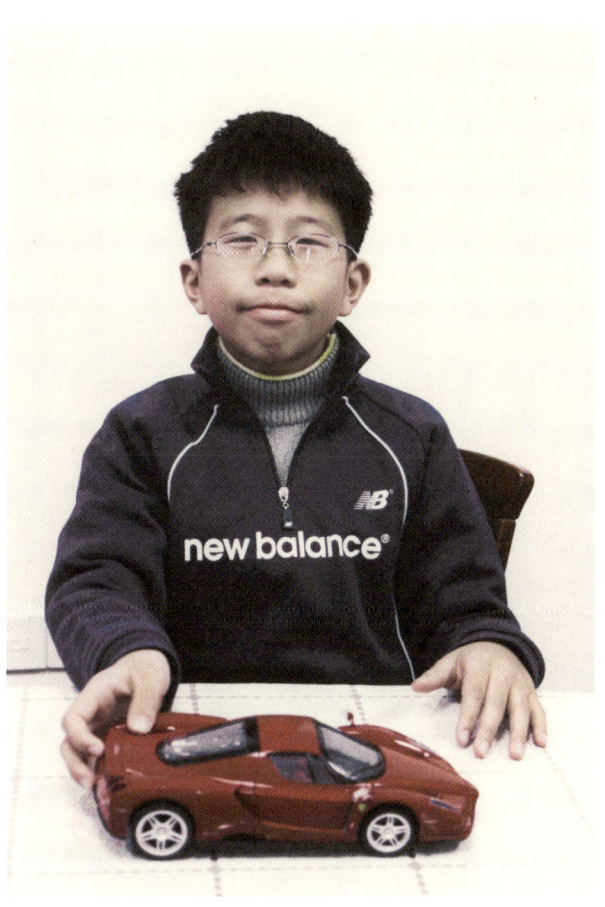

Auf der Schattenseite.

Nicht alle Kinder auf der Welt und in seiner Heimat haben so viel Glück wie Xichun. Während er und seine Freunde sich jeden Tag ihre adrette Schuluniform anziehen und in der Schule lernen dürfen, müssen Millionen von Kindern weltweit hart arbeiten. In Brasilien ziehen viele minderjährige Jungen und Mädchen jeden Tag mit ihren Eltern in die Kokosplantagen, um ihnen unter gleißender Sonne beim Pflücken der Kokosnüsse zu helfen. In Indien knüpfen Kinder für Hungerlöhne Teppiche. Und in Indonesien arbeiten sie auf Fischfangplattformen – die Mädchen flicken die Netze, die Jungs hieven die prall gefüllten Netze an Land.

Kinderarbeit ist in zahlreichen Ländern Alltag.

Die meisten Kinder helfen ihren Eltern in der Landwirtschaft, arbeiten als Straßenverkäufer, Dienstboten oder als Zuarbeiter in kleinen Hinterhofwerkstätten.

Das Kinderhilfswerk UNICEF schätzt, dass fast jedes siebte Kind zwischen fünf und 14 Jahren arbeiten muss – das sind weltweit 158 Millionen.

Viele von ihnen müssen unter Bedingungen schuften, die sehr gefährlich sind. Manche wachsen sogar als Sklaven in fremden Familien auf, manchmal im Ausland.

Und natürlich kommen die meisten von ihnen niemals in den Genuss, wie Xichun oder Kinder in Deutschland eine Schule zu besuchen.

Und das ist schlimm. Denn Bildung ist die wichtigste Voraussetzung, um sich aus der Armut zu befreien.

Ursache Armut.

Die meisten Kinder müssen arbeiten, weil ihre Eltern zu wenig verdienen, um die Familien allein zu ernähren. Mehr als eine Milliarde Menschen lebt in Armut, und die wirtschaftliche Not lässt ihnen oft keine andere Wahl: Ihre Kinder müssen mit dazu beitragen, die Existenz der ganzen Familie zu sichern.

Für die Arbeitgeber ist das meist ein gutes Geschäft, denn Kinder lassen sich viel besser ausbeuten als Erwachsene. Arbeitsverträge für sie gibt es in der Regel nicht, sodass sie problemlos eingestellt und entlassen werden können. Zudem wehren sie sich weniger als Erwachsene, wenn sie Aufträge bekommen. Und schließlich kosten sie weniger, was den Gewinn des Arbeitgebers erhöht.

Ausbeutende Konzerne.

Durch die Globalisierung haben westliche Konzerne und Unternehmen vor allem in vielen asiatischen Ländern Fabriken aufgebaut, weil Arbeitskräfte dort billiger sind und sie so ihre Ware viel günstiger produzieren können. Wo der Profit im Mittelpunkt steht, liegt die Vermutung nahe, dass der ein oder andere Unternehmer womöglich auch Kinder in seinen Fabriken arbeiten lässt. Dass dieser Verdacht nicht aus der Luft gegriffen ist, beweist das Beispiel des Sportartikelherstellers Nike. Der US-Konzern ließ in den 90er-Jahren Schuhe in Indonesien produzieren – und engagierte dafür zum Teil Kinder, die mit Hungerlöhnen abgespeist wurden. Nach weltweiten Protesten hörte Nike damit auf.

Globalisierung hilft.

Dass es tatsächlich immer wieder Unternehmen gibt, die so verantwortungslos handeln, ist traurig. Deswegen die Globalisierung pauschal als Förderer von Kinderarbeit zu verdammen, wäre aber falsch. Denn andererseits trägt sie dazu bei, dass sich die Situation von vielen Kindern weltweit verbessert. Tatsächlich haben viele ehemals arme Familien heute mehr Einkommen zur Verfügung, weil der Vater oder die Mutter einen Job in einer der vielen neu entstandenen Fabriken gefunden haben. So wird die schlecht bezahlte Arbeit der Kinder bisweilen entbehrlich – und die Eltern können es sich eher leisten, ihre Kinder zur Schule zu schicken.

Ein Mädchen in der Region Xinjiang im Westen Chinas schleppt Wasser. 158 Millionen Kinder auf der Welt müssen arbeiten

Kampagnen gegen Kinderarbeit.

Seit Jahrzehnten gibt es immer mehr Menschen und Organisationen, die sich für einen weltweiten Schutz von Kindern einsetzen und gegen die Kinderarbeit protestieren. Die internationale Arbeitsorganisation (IAO) legte schon 1973 in einer Konvention fest, dass Kinder erst dann arbeiten dürfen, wenn die Schulpflicht beendet ist.

Seit 1992 gibt es das Internationale Programm für die Beseitigung der Kinderarbeit (IPEC), in dem sich inzwischen 30 Geldgebende Staaten zusammenschlossen, um das Problem in 86 Nationen anzugehen.

Bei uns in Deutschland ist die Arbeit von schulpflichtigen Kindern und Jugendlichen gesetzlich verboten.

Ab einem Alter von 13 Jahren dürfen Jugendliche gewisse leichte Arbeiten verrichten – allerdings unter strengen Auflagen. So dürfen sie höchstens zwei Stunden pro Tag arbeiten, und das nur fünfmal die Woche zwischen 8 und 18 Uhr, wenn keine Schule ist.

Erste Erfolge.

Zum Glück ist die Kinderarbeit in den vergangenen Jahren tatsächlich schon weniger geworden. Die Internationale Arbeitsorganisation hat herausgefunden, dass es 2006 bereits elf Prozent weniger Kinderarbeiter gab als vier Jahre davor. Vor allem die Zahl der Kinder, die wirklich gefährlicher Arbeit nachgehen müssen, ist stark rückgängig, und das macht Mut.

Begrenzte Kontrolle.

Organisationen wie UNICEF oder die IAO dürfen sich auf die Fahnen schreiben, dass ihre Arbeit dazu beigetragen hat, dass heute viel weniger Kinder arbeiten müssen als noch vor einigen Jahren. Konventionen, Chartas und Kampagnen können sehr hilfreich sein, doch sie haben auch Grenzen. Zu Recht warnen Menschenrechtsaktivisten davor, dass solche Vorgaben oft nicht ausreichen, um die Situation der Kinder wirklich zu verbessern: So kann sich ein Textilkonzern zwar per Abkommen dazu verpflichten, für menschenwürdige Arbeitsbedingungen in den eigenen Fabriken zu sorgen. Ob die Betriebe, die ihm die Stoffe liefern, Kinder arbeiten lassen oder nicht, ist davon unberührt – und nur sehr schwer zu kontrollieren.

KONZERNE, POLITIK ODER BÜRGER – WER HAT DIE MACHT ÜBER DIE GLOBALISIERUNG?

STAATLICHE ORGANISATIONEN Regierungen haben letztendlich mehr Macht über die Globalisierung als Konzerne. Denn wenn Firmen aus unterschiedlichen Ländern miteinander handeln, müssen sie häufig staatliche Handelsbarrieren überwinden. Zum Beispiel müssen sie an die Regierung des Empfängerlandes oft Zölle bezahlen, also eine Art Eintrittsgeld für ihre Waren. Damit lohnt sich der Verkauf ins Ausland für die Firmen dann vielleicht gar nicht mehr, weil die Waren so zu teuer werden. Manchmal verbieten Staaten den Firmen aus anderen Staaten sogar komplett, gewisse Waren in ihr Land zu liefern. Zum Beispiel verbieten manche Länder anderen immer wieder die Einfuhr von Rind- oder Hühnerfleisch, weil sie befürchten, dass so Krankheiten übertragen werden könnten. Um solche Handelshemmnisse abzubauen, gründeten 153 Länder gemeinsam die Welthandelsorganisation WTO. Die WTO im schweizerischen Genf soll dafür sorgen, dass möglichst frei auf dem Weltmarkt gehandelt werden kann.

CHANCE Jahrhundertelang hing der Wohlstand eines Landes weniger von der Politik als von geografischen Faktoren ab: Viele am Meer gelegene Länder mit gemäßigtem Klima florierten, während tropische Länder ohne Seezugang arm blieben. Mit der Globalisierung hat sich das geändert. Länder, die sich wirtschaftlich öffnen und politisch einigermaßen stabile Rahmenbedingungen haben, profitieren enorm. In China etwa hat sich so das Pro-Kopf-Einkommen seit 1980 verzehnfacht. Ganz anders die vom Bürgerkrieg geschüttelte Republik Kongo: 1980 noch deutlich wohlhabender als China, ist sie seither verarmt.

BÜRGERORGANISATIONEN Die bekanntesten Kritiker der Globalisierung sind die Anhänger von Attac. Diese Vereinigung hat ihre Wurzeln in Frankreich. Der Name soll an »Attacke« erinnern. Die Bürgerorganisation, die etwa 90 000 Mitglieder in 50 Ländern hat, vertritt die gegensätzliche Meinung zur WTO. Anstatt Handelsbarrieren immer weiter abzubauen, wollen ihre Anhänger erreichen, dass sich die Öffentlichkeit kritisch mit der Globalisierung auseinandersetzt, vor allem mit den grenzübergreifenden Geschäften von Banken. Attac setzt sich zum Beispiel auch dafür ein, dass die Menschen in Entwicklungsländern mehr als bisher von der Globalisierung profitieren sollen.

ÖFFNUNG IN CHINA, STILLSTAND IM KONGO
Entwicklung der Wirtschaftsleistung pro Kopf in Dollar
Quelle: IWF

DIE MÄR VOM UNGERECHTEN HANDEL

Der internationale Warenhandel wird als ungerecht kritisiert – dabei kann er auch helfen, Armut zu verringern

Von Ernst A. Ginten

Ein Arbeiter in einem Entwicklungsland, der Schuhe zusammennäht, der MP3-Player montiert oder Kaffee erntet: Häufig bekommt er (oder sie) nur einen Euro in der Stunde – oder noch weniger. Für Produkte, für die wir 10 Euro zahlen oder 100 oder noch mehr.

Kaum etwas erregt in der Debatte um die Globalisierung die Gemüter so sehr: Scheinbar geht es ungerecht zu im internationalen Handel. Organisationen wie Attac leben davon, die internationale Arbeitsteilung als Ausbeutung zu kritisieren. Jedes Mal, wenn sich die Handelsminister der Welt in den vergangenen zehn Jahren zu einer großen Konferenz trafen, gab es gewalttätige Demonstrationen, an der auch Attac-Mitglieder beteiligt waren.

Handeln gehört zum Leben dazu.

Dabei empfinden wir Handel an sich nicht als ungerecht. Wer Panini-Bilder auf dem Schulhof tauscht, wer altes Spielzeug auf dem Flohmarkt feilbietet, oder wer bei Ebay kauft und verkauft, der handelt. Handel per se ist also nicht verdammenswert: Wir tun es ja freiwillig und meistens auch gern. Handel wird dann problematisch, wenn dadurch die Notlage von Menschen ausgenutzt wird.

Asien macht es vor.

Die vergangenen Jahrzehnte zeigen: Ein armes Land, das sich für die Globalisierung öffnet, bleibt nicht dauerhaft arm. Asiatische Länder wie Südkorea oder Malaysia haben es vorgemacht: Erst werden zu Niedrigstlöhnen Textilien hergestellt, später dann höherwertige Produkte, die am Weltmarkt auch mit höheren Preisen belohnt werden und damit höhere Löhne erlauben.

Hier regelt der Markt also vieles von selbst. Ein unbedachtes Eingreifen in den freien Handel kann daher mehr Schaden anrichten als Gutes tun.

Zwischenhändler umgehen.

Bleibt aber die Tatsache, dass viele an der Arbeit von Menschen in armen Ländern mitverdienen: ganze Schichten von Zwischenhändlern etwa, also Firmen, die – wie in unserem Beispiel – die in der malaysischen Fabrik genähten Hosen oder Kleider kaufen, dann an den nächsten Großhändler weiterverkaufen, der diese dann nach Europa transportiert und so weiter. Die vielen Händler verdienen alle mit. So sorgen sie erst dafür, dass wir so viel mehr für Produkte bezahlen müssen, als Arbeiter, beispielsweise in Asien, als Lohn bekommen. Eine Idee, dem abzuhelfen und Handel gerechter zu gestalten, hatten engagierte Christen bereits vor Jahrzehnten. Aus dieser Idee ist eine weltumspannende Bewegung geworden: Viele Kleinbauern haben sich zusammengeschlossen, um ihre Produkte gemeinsam zu verkaufen – und so Verhandlungsmacht zu haben und Zwischenhändler zu umgehen.

Ist Fair Trade gerecht?

Produkte aus solchem »fairen Handel« gibt es seit einigen Jahren fast überall zu kaufen – selbst in den Supermärkten von Edeka oder Lidl. Dafür müssen aber strenge Regeln eingehalten werden. In Deutschland werden die meisten dieser Regeln von einem Verein, der sich TransFair nennt, kontrolliert: Fairer Handel soll eher kleinere und

Eine Pflückerin aus Burkina Faso erntet Baumwolle

mittelgroße Produzenten unterstützen. Der Preis für die Waren wird gemeinsam festgelegt; er muss mindestens so hoch sein, dass alle Kosten bezahlt werden können. Wenn alles strikt eingehalten wird, darf das Logo von TransFair auf die Packung.

Billig geht vor.

Der Umsatz mit Fair-Trade-Produkten in Deutschland wächst stark, mit 78 Millionen Euro in den ersten sechs Monaten des vergangenen Jahres machte er aber nur einen Bruchteil aller Ausgaben der Verbraucher aus. Und es gibt auch Kritik. Oft ist für die Verbraucher nicht nachprüfbar, wer welchen Anteil an dem Preisaufschlag erhält.

ALS CHINA NOCH FÜR LUXUS STAND

Schon die Römer kauften Seide – obwohl sie das Land, aus dem sie stammte, gar nicht kannten: China. Die Einfuhr aus Fernost war damals sehr teuer. Erst mit der Globalisierung änderte sich das

Von Florian Eder

Marcus Aurelius Antoninus war früh zum römischen Kaiser erhoben worden, als 15-Jähriger schon, im Jahre 218 nach Christus. Dennoch macht er sich einen Namen, allerdings nicht mit großen Feldzügen oder mit beeindruckenden Bauten wie manche seiner Vorgänger.

Marcus Aurelius Antoninus, der nach seinem Tod als Elagabal bekannt wurde, hatte vielmehr exzentrische Vorlieben: Die Bevölkerung Roms ertrug harmlose Streiche und fürchtete seinen Jähzorn, der oft genug in Grausamkeit umschlug. Und sie zerriss sich das Maul über den jungen Mann, der junge Männer liebte – und chinesische Seide.

Göttlicher Stoff.

Was dem gewöhnlichen, auch dem wohlhabenden Römer an Stoffauswahl zur Verfügung stand, war nicht viel: schwere Tierhäute, kratzige Wollstoffe oder knitteriges Leinen. Die weiche, geschmeidige Seide hätte jedem Zeitgenossen gefallen. Aber der edle Stoff war absoluter Luxus. Man stellte sich das Gewebe als den Stoff vor, in den sich die Götter kleideten. Seide war so teuer, dass bislang niemand gewagt hatte, was der junge Kaiser tat, sich nämlich sein ganzes Gewand daraus schneidern zu lassen, von der Tunika, dem Unterkleid, bis zur wallenden Toga.

Es sind Güter wie die exotische und teure Seide, mit denen zuerst Handel zwischen fernen Ländern und Kontinenten getrieben wurde, Dinge, die die Menschen

selbst nicht herstellen konnten. Die Römer wussten lange gar nicht, dass eine Raupe die feinen Fäden spinnt, die man dann zur Seide verwebt.

Fern und nah.

Die Geschichte der Globalisierung unserer Welt ist auch und vor allem eine Geschichte des Warenaustauschs: Die Welt wurde kleiner, sie rückte näher zusammen. Gleichzeitig wurde sie größer, weil die Menschen nach und nach eine Ahnung bekamen von fernen Ländern, von deren Existenz sie zuvor nichts gewusst hatten.

Die Geschichte der Globalisierung ist eine Geschichte des Aufbaus und der zunehmenden Vernetzung der Welt.

Aber es brauchte mehrere Anläufe, bis tatsächlich globale Handelsbeziehungen entstanden, wie wir sie heute kennen.

Entdecker und Erfinder.

Ein Anlauf fand um das Jahr 1500 statt. Zwei Jahre zuvor hatte der Portugiese Vasco da Gama die erste bekannte Schiffsexpedition angeführt, die direkt nach Indien segelte. Auch Christoph Kolumbus hatte versucht, im Auftrag der spanischen Königin per Schiff

Das Römische Reich importierte sogar Tiere aus Südasien und Afrika

nach Indien zu gelangen. Er segelte aber westwärts und stieß auf Amerika. In der Welt nach 1500 stehen Europa, Afrika, Asien und Amerika dann bereits in dichtem Handelskontakt.

Für einen anderen großen Schub sorgten die großen Erfindungen des 19. Jahrhunderts: 1830 läuft das erste Dampfschiff vom Stapel, wenige Jahre später schon verkehrte das erste Linienschiff zwischen London und Schanghai.

In dieser Zeit werden auch die großen internationalen Frachtverbindungen etabliert: Alltagsprodukte treten die Reise um die Welt an – es wird für viele Länder günstiger, Baumwolle, Kohle oder Weizen einzuführen. Zwischen 1800 und 1913, dem Jahr vor dem Ausbruch des Ersten Weltkriegs, wuchs der Welthandel um das 25-Fache. Die Weltwirtschaft erlebte die ersten großen gemeinsamen Krisen – und kurz vor dem Jahr 1900 den ersten weltweit spürbaren Aufschwung.

Lang und gefährlich.
Die Römer kannten chinesische Seide, aber China kannten sie nicht. Der Transport von Waren aus fernen Ländern dauerte zu lange und war zu gefährlich, als dass er von einem Schiff oder Transportunternehmen hätte bewerkstelligt werden können. Zwischen China und Rom gab es daher viele Stationen, an denen Zwischenhändler die Ware übernahmen. Jeder verdiente am sogenannten Warenumschlag, und die vielen Hände, durch die sie ging, machten Seide so teuer.

Die Routen über Land, die die berühmte Seidenstraße bildeten, waren beschwerlich: Langsam schlängelten sich Lasttiere durch das große China über die Pässe Zentralasiens, gelangten über die Stadt Samarkand im heutigen Usbekistan, das persische Isfahan oder Herat in Afghanistan weiter ans Mittelmeer oder ans Schwarze Meer, wo die Seide endlich aufs Schiff verladen wurde.

Seres und Sinae.
Billiger war es, die Seide gleich per Schiff zu transportieren. Daher wurde die Seeroute mit der Zeit zum bevorzugten Transportweg der Seide, an der chinesischen Küste entlang durch die Bucht von Bengalen und dann übers Arabische Meer. Am Horn von Afrika vorbei ging es über das Rote Meer nach Ägypten, anschließend ein Stück über Land und dann den Nil aufwärts nach Alexandria. Dort übernahmen römische Schiffe die Ladung. Der Suez-Kanal, der Mittelmeer und Rotes Meer verbindet, wurde erst 1869 eröffnet. Er sollte die Dauer einer Schiffsreise von London nach Bombay auf die Hälfte verkürzen.

Dennoch war die Seeroute auch zur Zeit Elagabals ein großer Fortschritt. Dass die Seide, die über den Landweg nach Rom kam, aus demselben Land kam wie die, die per Schiff in Ostia, dem antiken Hafen bei Rom, ankam, konnten sich die Römer gar nicht vorstellen. Sie gingen von zwei verschiedenen Ursprungsländern aus, einem nördlichen, das sie Seres nannten, und einem im Süden, das Sinae hieß. Die Seeweg-Seide aus dem vermeintlichen Land Sinae war für den römischen Kunden bald günstiger.

Der Kaiser und der Neid.

Dennoch blieb Ware »Made in China«, wie Seide und feines Porzellan, bis ins 18. Jahrhundert ein exotisches Luxusgut für wohlhabende Europäer. Das erste Alltagsprodukt aus Fernost war der Tee, den die breite Masse der Engländer aber auch erst in der zweiten Hälfte des 18. Jahrhunderts zu trinken begann.

Heute lohnt es sich, selbst Äpfel aus Australien kommen zu lassen und Wein aus Argentinien.

Die größten unter den Containerschiffen von heute sind fast einen halben Kilometer lang und transportieren Tausende der sechs Meter langen Standardcontainer. Die Kosten für den Transport per Schiff einmal um die halbe Welt sind so stark gesunken, dass sie beim Stückpreis kaum ins Gewicht fallen. Kleidung aus China ist längst vom Luxus- zum Billigprodukt geworden.

Der Landweg entlang der Seitenstraße war beschwerlich und barg zudem Gefahren

Zu Zeiten Elagabals war der Luxusstoff noch pure Provokation für Gegner, und von denen hatte der Kaiser viele. Im Jahr 222 wurde er, nach vier Jahren auf dem Thron, tot aufgefunden. Der Tyrann war, kaum 18-jährig, von seinen Soldaten erschlagen worden.

VON ANGESICHT ZU ANGESICHT GEHT ES BESSER

Internet und Videokonferenzen lassen die Welt zusammenrücken. Doch menschliche Nähe können sie nicht ersetzen.

Von Steffen Fründt

Wer wissen will, was Globalisierung ist, muss heute einfach den Computer eines durchschnittlichen 14-Jährigen hochfahren. Französische Tokio-Hotel-Fans als Facebook Freunde, eine E-Mail-Freundschaft mit einer kanadischen Austauschschülerin, ein Skype-Chat mit einem japanischen World-of-Warcraft-Crack – die halbe Welt vereint auf einem einzigen Pentiumchip.

Seit die Erde von einem immer dichteren Netz aus Glasfaserleitungen umspannt ist, kann jeder mit jedem jederzeit kommunizieren. Die Welt: ein Dorf.

Im Büro manches Bankers in einem Londoner Büroturm sieht es, Finanzkrise hin oder her, nicht viel anders aus. Frühmorgens Videokonferenz mit dem Büro in Hongkong, im Postfach Mails mit einem langen Verteiler, deren Empfänger über alle fünf Kontinente verstreut sitzen. Man kann in der U-Bahn per Smartphone schnell die Mails checken und sich von überall auf der Welt aus in eine Telefon- oder auch Videokonferenz einwählen – aus dem Frankfurter Bankenviertel genauso wie aus der Hängematte auf den Cayman-Inseln.

Auf in die Alpen.

Doch das ist die Theorie. In der Praxis kennt die Globalisierung sehr wohl Grenzen. Nicht, weil es so aufwendig ist, die Waren zwischen den Ländern hin und her zu transportieren. Das größte Problem international tätiger Unternehmen ist – trotz aller Glasfaserkabel, trotz Englischunterricht ab dem Kindergartenalter und Auslandssemester für viele Studenten – die Kommunikation

von Angesicht zu Angesicht. Das wird zum Beispiel einmal im Jahr im schweizerischen Luftkurort <mark>Davos</mark> deutlich, wo sich beim <mark>Gipfel des Weltwirtschaftsforums</mark> die internationale Wirtschafts- und Politelite trifft, darunter Dutzende Regierungs- und Staatschefs. Während vor den Zäunen Globalisierungskritiker demonstrieren, beweist das Jahrestreffen allein durch seine Existenz, dass der Globalisierung auch noch andere Grenzen gesetzt werden.

Reden müssen.

Wo doch Bilder, Sprache und Informationen so reibungslos und in null Komma nichts um den Erdball sausen – warum tun sich all die Reichen und Wichtigen das überhaupt an und schließen sich freiwillig tagelang in den Alpen ein? Die Antwort ist schlicht: um miteinander zu reden, und zwar persönlich.

»Wenn Konzerne sich international aufstellen, sehen sie darin zunächst die Chance auf mehr Umsatz und Profit. Doch mit der Globalisierung steigt auch der Kommunikationsaufwand«, sagt <mark>Roland Mangold</mark>, Informationspsychologe der Stuttgarter Medienhochschule.

Mittagessen auf der Schatzalp zum Abschluss des Weltwirtschaftsforums in Davos: Gerade Manager mögen den persönlichen Kontakt. Da können sie ihre Stärken im Gespräch ausspielen

Vertrauen auf das Angesicht.

Es gibt mittlerweile viele Untersuchungen zu der Frage, über welche Medien die geschäftliche Kommunikation am reibungslosesten funktioniert. Ein Ergebnis: Nackte Informationen wie etwa Umsatzzahlen lassen sich noch prima per E-Mail verschicken, für eine schnelle Teambesprechung kann eine Konferenzschaltung gut funktionieren. »Doch wenn es um wirklich sensible und wichtige Dinge geht, um Abschlüsse mit wichtigen Geschäftspartnern etwa«, sagt Mangold, »dann vertrauen die Wirtschaftsakteure auch heute in der Regel noch auf das Gespräch von Angesicht zu Angesicht.«

Wollen Manager in Verhandlungen alle Trümpfe ausspielen, müssen sie mit den Gesprächspartnern an einem Tisch sitzen.

Den Grund erklärt die »Kanalreduktionstheorie«. Ein Riesenwort, hinter dem die simple Erkenntnis steckt, dass der Mensch nicht nur mit Worten spricht. »Das Verbale macht nur 17 Prozent der Kommunikation aus. Erst durch Tonfall, Körpersprache und Mienenspiel wird deutlich, wie das Gesagte gemeint ist«, erklärt Mangold.

Meister des Nonverbalen.

Wie wichtig solche Signale sind, wird deutlich, wenn sie fehlen. Bei Handygesprächen müssen sich die Teilnehmer stark konzentrieren, um die fehlenden sozialen Signale zu kompensieren. Gerade Topmanager sind häufig Meister der nonverbalen Kommunikation. Sie sind rhetorisch geschult, haben ein charismatisches und manchmal geradezu blendendes Auftreten. Zugleich verfügen viele erfolgreiche Menschen über ein feines Gespür für Humor und Ironie, aber auch für Schwächen oder versteckte Vorbehalte ihrer Gesprächspartner.

Zweideutige Mails.

Das ist ihre eigentliche Kernkompetenz, und die können sie nur im persönlichen Gespräch voll ausspielen. In der E-Mail-Korrespondenz sind dagegen Fehler und Konflikte durch unverstandene Ironie, fehlgedeutete Abkürzungen und Missverständnisse durch zweideutige Formulierungen programmiert.

Richtig kompliziert kann es mit der Kommunikation werden, wenn sich mehrere Firmen über Ländergrenzen und Kontinente hinweg zu multinationalen Konzernen zusammenschließen. Die Hürden sind dabei nicht so sehr sprachlicher Natur. Englisch hat sich als Geschäftssprache überall auf der Welt längst durchgesetzt, viele Fachausdrücke sind ohnehin in Englisch, sodass sich die Kollegen untereinander schon verstehen, auch wenn einmal ein Ingenieur aus der indischen Produktionsstätte in die Zentrale nach München versetzt wird.

Kulturen kennen.

Doch manche länderübergreifende Firmenhochzeit scheitert nicht nur, weil Kosteneinsparungen zu niedrig sind oder Märkte nicht zueinander passen.

Oft wurzeln die Probleme darin, dass in verschiedenen Ländern auch unterschiedliche Unternehmenskulturen existieren.

»Interkulturelles Training ist in international operierenden Unternehmen mittlerweile Standard. Trotzdem kommt es noch vor, dass ein amerikanischer Manager einem erschrockenen Chinesen kumpelhaft auf die Schulter klopft«, sagt Experte Mangold.

In den kulturellen Unterschieden lauern viele versteckte Fallen, die zu Missverständnissen und Reibungsverlusten zwischen Kollegen und Geschäftspartnern führen, im Extremfall sogar zu ungewollten Beleidigungen. Da kann es für den Erfolg entscheidend sein, die Kultur eines Landes erst einmal kennenzulernen, bevor man dort Geld verdienen will.

Das geht per Facebook, Skype und Google Earth – oder auch nach dem Abi mit Freunden und einem Rucksack.

MACHT DIE GLOBALISIERUNG DIE NATUR KAPUTT?

VERBRAUCH Stellen wir uns ein Leben ohne Globalisierung vor: Wir würden nicht reisen, keine Playstation aus Japan haben und nicht günstige Kleider bei H&M kaufen. Unser Essen und unsere Kleidung kämen aus der Region. Ferien würden wir am Dorfweiher machen. Keine Frage, das wäre für die Natur das Allerbeste.

AUSNAHME Allerdings wäre es falsch, die Umweltverschmutzung allein der Globalisierung zuzuschreiben. So kann ein Apfel aus Südamerika auf seinem Weg in den Supermarkt genauso viel Energie verbrauchen wie einer vom Bodensee. Die großen Frachtschiffe verbrauchen – umgerechnet auf jeden einzelnen Apfel – weniger Energie und belasten die Umwelt unter Umständen weniger als LKW, die mit Obstkisten über unsere Straßen rollen.

REGELN Außerdem sind es gerade die weltweit agierenden Konzerne, bei denen man sich am ehesten darauf verlassen kann, dass sie Umweltstandards einhalten. Sie unterliegen nämlich auch in einem entlegenen Produktionsstandort in Indien oder Kambodscha einer größeren Beobachtung als ein lokaler Hersteller, dessen Name in Deutschland keiner kennt.

DIE GRÖSSTEN KLIMASÜNDER DER WELT
gemessen am durchschnittlichen
CO_2-Ausstoß eines Einwohner des Landes
Quelle: UNFCCC

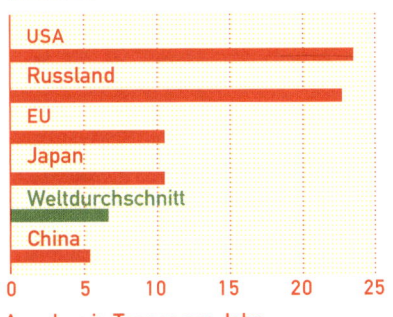

Angaben in Tonnen pro Jahr

57

WER SICH BILDET, IST FÜR DIE WIRTSCHAFTSWELT GERÜSTET

Der internationale Wettbewerb ängstigt viele. Dabei bietet er Cleveren Chancen

Von Martin Greive

Globalisierung? Mit dem Begriff können viele Jugendliche wenig anfangen, sagt der Jugendforscher Claus Tully: »Für viele ist das Thema auf den ersten Blick tatsächlich belanglos.«

Fast ein Viertel aller Jugendlichen hat laut der letzten Shell-Jugendstudie das Wort Globalisierung noch nicht einmal gehört.

Auf den zweiten Blick macht die Globalisierung vielen Jugendlichen Angst.

Dabei wäre es vor 40 Jahren noch unvorstellbar gewesen, dass viele Menschen regelmäßig so weit reisen können wie heute. Ging es früher über die Sommerferien in den Harz oder den Schwarzwald, sind weite Flugreisen heute für viele keine große Sache mehr — auch die Billigflieger machen das möglich. Doch auch wenn vielen Jugendlichen das Entdecken fremder Länder und anderer Kulturen Spaß macht, möchten sie nicht dauerhaft in einem anderen Land leben. »Die Bereitschaft, ins Ausland zu ziehen, ist bei Jugendlichen sehr begrenzt«, sagt Forscher Tully. Viele haben deshalb Angst davor, dass ihre Eltern eine Stelle im Ausland finden und umziehen müssen.

Und die Frage, ob sie später selbst überhaupt einmal eine Arbeitsstelle finden, bewegt viele Jugendliche. Auch aus diesem Grund sehen sie die Globalisierung pessimistischer als noch vor ein paar Jahren. Immerhin 27 Prozent glauben laut der Shell-Jugendstudie 2006, dass Globalisierung mehr Nach- als Vorteile bringt. Nur 18 Prozent finden, dass die Vorteile überwiegen — weniger als noch bei der Studie vier Jahre zuvor.

Ganz unbegründet sind die Ängste nicht: »Die Konkurrenz auf dem globalen Arbeitsmarkt wird in Zukunft noch höher sein als heute«,

sagt Klaus Schrader, Globalisierungsexperte am Institut für Weltwirtschaft in Kiel, das seit seiner Gründung 1911 den internationalen Handel und damit die Globalisierung erforscht, lange bevor der Begriff geprägt wurde. »Die Konkurrenz kommt aus allen Ecken der Welt«, sagt Schrader.

Das hat mehrere Gründe: Einige Tätigkeiten können von überall auf der Erde erledigt werden. Ob ein Webdesigner Internetseiten von Deutschland aus baut oder von irgendeinem anderen Ort auf der Welt, spielt keine Rolle. Hauptsache, er hat Internetzugang. Zudem wächst Europa zusammen: Bürger aus den EU-Staaten dürfen sich genauso auf jede Stelle in Deutschland bewerben wie Einheimische.

Unternehmen verlagern zudem viele einfache Tätigkeiten von Deutschland ins Ausland, weil die Löhne dort niedriger sind.

Zwar gibt es auch Arbeiten, die nicht in anderen Ländern erledigt werden können, weil sie ortsgebunden sind, dies gilt zum Beispiel für Wachmänner oder Friseure. »Aber diese Jobs sind häufig schlecht bezahlt«, sagt Schrader.

Auch in Berufen, für die man einen Universitätsabschluss braucht, wird die Konkurrenz größer. In Zukunft wird es keine Seltenheit mehr sein, dass tschechische Elektroingenieure und polnische Unternehmensberater ihre Dienste in Deutschland anbieten.

»Vor diesem Hintergrund kann ich jedem nur raten, alles aus seinem Potenzial herauszuholen«,

sagt Wirtschaftswissenschaftler Schrader. Konkret heißt das: Die englische Sprache zu beherrschen, ist eine unverzichtbare Grundvoraussetzung. Diejenigen, die noch mehr Sprachen lernen, haben auf dem globalen Arbeitsmarkt weitere Vorteile gegenüber anderen.

Und noch einen Rat hat Schrader an Jugendliche: Bei der Arbeitsplatzsuche sollten sie statt aufs Gehalt lieber darauf achten, welcher Arbeitgeber die besten Fortbildungen verspricht. »Denn wer nicht sein Leben lang etwas für seine Bildung tut, wird früher oder später von der weltweiten Konkurrenz überrollt werden«, sagt er.

Das klingt bedrohlich und einschüchternd. Aber Deutschland ist einer größten Profiteure der Globalisierung, seine Wirtschaft stellt viele Waren her, die in andere Länder verkauft werden.

Und auch persönlich finden Jugendliche gute Voraussetzungen in einem hoch entwickelten Land, in dem alle Zugang zu Schule und Bildung haben. »Jugendliche sollten deshalb keine Angst haben«, sagt Schrader, »sondern Globalisierung als Wettbewerb begreifen, der ihnen viele neue Chancen eröffnet.«

Die Autoren

dieses Buches sind die Wirtschaftsredakteurinnen und -redakteure der WELT-Gruppe. Mehrmals jährlich bereiten sie unter dem Titel »Kinderleicht« ein wichtiges Wirtschaftsthema für Kinder und Jugendliche auf. Inzwischen weiß man, dass sie damit auch erwachsene Leser erreichen, die den Wirtschaftsteil einer Zeitung eher ungelesen zur Seite legen. Das »Kinderleicht«-Spezial hat offensichtlich seinen Anspruch eingelöst, Antworten auf Wirtschaftsfragen so anschaulich und lebensnah zu geben, dass jeder sie verstehen kann. Für das Hanser Kinderbuch werden die »Kinderleicht«-Beiträge überarbeitet und, wo nötig, aktualisiert.

Bildnachweis

Die Texte dieses Buches erschienen zuerst als
Wirtschafts-Spezial in der »Welt am Sonntag«,
Axel Springer AG, Berlin.
Gefördert wurde und wird das Projekt
»kinderleicht« von der

Stiftung
Familienunternehmen

Informationen zum Projekt finden Sie
unter www.welt.de/kinderleicht,
zur Stiftung Familienunternehmen unter
www.familienunternehmen.de.

Die Schreibweise in diesem Buch entspricht
den Regeln der neuen Rechtschreibung.
Unser gesamtes lieferbares Programm und
viele andere Informationen finden Sie unter
www.hanser-literaturverlage.de

1 2 3 4 5   15 14 13 12 11
ISBN 978-3-446-23674-5
Alle Rechte vorbehalten
© Carl Hanser Verlag München 2011
Umschlag, Layout und Satz: Manja Hellpap, Berlin
Umschlagfoto: Christian Kielmann
Druck und Bindung: CPI – Ebner & Spiegel, Ulm
Printed in Germany

EBENFALLS LIEFERBAR:

Welt der Wirtschaft
kinderleicht
Gerechtigkeit
64 Seiten. Flexicover

WAS IST GERECHT?
Wir haben zwei Jungen
aus der Nähe von Frankfurt
am Main gefragt

EIN SPIEL DES LEBENS
Warum der Staat es nicht
allen (ge)recht machen kann

»ODER IST EUER LEBENS-TRAUM ETWA HARTZ IV?«
Bundeskanzlerin
Angela Merkel erklärt, für
wie gerecht sie Deutschland
hält

GELD IST GAR NICHT SO WICHTIG
Experimente beweisen,
dass wir vor allem gerecht
behandelt werden möchten

SIND WIR WIRKLICH EGOISTISCH?
Menschen teilen bereit-
willig – solange sie etwas
dafür zurückbekommen

ZWISCHEN KRONLEUCHTER UND IKEA-REGAL
Stephanie Gräfin Bruges
von Pfuel sagt, die Gesellschaft
könne nie ganz gerecht sein

DIE GERECHTIGKEITS-MACHERIN
Richterin Alexandra Willmar
vermittelt, wenn Chefs und
ihre Mitarbeiter streiten

DER KLUB DER TOTEN DENKER
Philosophen versuchen zu
ergründen, was Gerechtigkeit ist

IM KIBBUZ SOLLTEN ALLE GLEICH SEIN
Funktioniert hat es nicht.
Reformen wurden unaus-
weichlich

GERECHT?
In Debatten über Gerech-
tigkeit argumentieren
alle Seiten mit Zahlen.
Dabei spiegeln viele nur
einen Ausschnitt der
Wahrheit